行在·杭州

杭州市文化广电旅游局 编

红旗出版社

编写委员会

主　　　任	楼俹捷
副　主　任	严　格　赵弘中　刘宇峰　曲　波　张　龙
	余梅芳　钱潮力　李会学　卓信宁　陆小龙
执 行 主 编	严　格　刘　冬
成　　　员	吴一舟　陶　琳　李镜媛
策划编撰小组	施　杭　谢盼盼　童笑雨　王题题　单　聪
	毛　瑜　徐　宏

目录 CONTENTS

1　杭州宣言　余秋雨

13　跨湖之舟　马　黎

23　良渚：寻找消逝的文明　刘　斌　关萌萌

39　大先生的大运河　任　轩

55　走过白居易走过的路　陈志坚

75　苏东坡的西湖一日游　楼俪捷

85　『达人』郁达夫皋亭山游记　椰　子

93　飞来峰传奇　严　格

109　和丰子恺一起夜饮西湖　黄唐唐

125　金庸的杭州江湖　六神磊磊

- 141　未完成的六和塔「瘦身」计划　章咪佳
- 153　我有一个梦：孤山是座大博物馆　蔡琴
- 167　跟着宋人去观潮　卡尔
- 179　走读德寿宫　周华诚
- 193　三贤堂：西湖文化的一个定格　姜青青
- 207　乾隆皇帝的秘密花园发现记　魏祝挺
- 223　大井巷的小确幸　童笑雨
- 237　近在咫尺的「书房」　王题题

杭州宣言

余秋雨

一

《马可·波罗游记》曾极力称赞杭州是世界上既高贵又美丽的城市。杭州之外,中国还有很多别的美丽。

于是,很多航海家把这本游记放在自己的驾驶台上,向大海进发。由此开始,欧洲完成了地理大发现。

航海家们没有抵达杭州,但杭州一直隐隐约约地晃动在他们的心理罗盘之上。

马可·波罗的话,为什么这样值得信赖?

因为,他来自欧洲人心目中最美丽的城市威尼斯,对于城市美景有足够的评判眼光。

其实,马可·波罗来杭州时,这座城市已经承受过一次不小的破坏。在他到达的十几年前,杭州作为南宋的首都沦陷于元军之手。一场持续了很多年的攻守之战终于结束,其间的放纵、发泄可想而知。尽管后来的十几年有所恢复,但与极盛时的国都相比毕竟不可同日而语。就这样,仍然既高贵又美丽,那就不难想象未被破坏时的情景了。

二

杭州的美丽,已经被历代文人倾注了太多的描写词汇。这是世间一切大美必然遇到的悲剧。人们总以为大美也可以被描写,因此总让它们沉陷在一大堆词汇之间。而这些词汇,同样可以描写小美、中美、平庸之美、勉强之美、夸饰之美。这情景,就像一位世界级的歌唱家被无数嘈杂的歌喉包围。

为此,这篇文章要做一个试验,放弃描写,只说杭州之美是怎么被创造、被守护的。

杭州这地方,本来并没有像黄山、九寨沟、长白山天池、张家界那样鬼斧神工般的天然美景。一个浅浅的小海湾，被潮汐和长江带来的泥沙淤塞，时间长了就不再与外海流通，形成了一个咸水湖。在这种咸水湖中，水生植物会越长越多，而水则会渐渐蒸发减少，湖慢慢就会变成沼泽地，然后再变成盐碱地。这是被反复证实了的自然规律。

因此，杭州后来能变得这样美丽，完全是靠人力创造。

首先，人们为那个咸水湖浚通了淡水河（武林水）的水源，使它渐渐变成淡水湖，这便是西湖；然后，建筑防海大塘，抵御海潮肆虐，这便是钱塘。

7世纪初隋炀帝开凿大运河，通达杭州，使杭州一下子成了一个重要的城市。由于居民增多，这个城市的用水必须取用西湖的淡水，李泌便在8世纪挖通了连接西湖水源的"六井"，使杭州这座城市与西湖更加相依为命。

雷峰塔晨曦　（马立群摄）

9世纪20年代,大诗人白居易任杭州刺史。但他不是光来写诗,而是来做事的。他遇到的问题是,西湖边上有很多农田等待湖水灌溉,而西湖中间已出现大片苇草地,蓄水量已经大为减少。于是,他认真地研究了"蓄"和"泄"之间的关系,先是挖深湖底,修筑一道高于原来湖面的堤坝,大大增加西湖的蓄水量,然后,再根据灌溉的需要定量泄水。此外,他还把民用的"六井"疏浚了一下。

白居易在这里展现的,完全是一名水利学家和城建专家的风姿。这时候,他已年过半百,早就完成《长恨歌》《新乐府》《秦中吟》《琵琶行》,成了中国文学史上的巨匠之一。但他丝毫没有在这种文化身份里傲慢,而是成天忙忙碌碌地指挥湖中的工程。

大诗人在这里用泥土和石块写诗,把笔墨吟诵交给小诗人。他自己的诗句,只是躲在水草间、石缝里掩口而笑,绝不出声,以防小诗人们听到了颓然废笔。

白堤春早　　（马立群摄）

三

真正把杭州当作永恒的家,以天然大当家的身份把这座城市系统整治了的,是 10 世纪的吴越王钱镠。这是一个应该被记住的名字,因为他是中国历史上少有的城市建筑大师。他名字中的这个"镠"字,很多人会念错,那就有点儿对不起他。镠,读音和意义都与"鎏"相同,指成色很好的金子,记住了。

这块"金子"并不是一开始就供奉在深宫锦盒里的。他长期生活在社会底层,贩过私盐,喜好拳射,略懂卜问,在唐朝后期担任过地方军职,渐成割据势力。唐朝覆灭后,中国进入五代十国时期,钱镠创立吴越国,为十国之一。这是一个东南小国,北及苏州,南及福州,领土以现在的浙江省为主,中心就是杭州。

钱镠治国,从治水开始。他首先以最大的力量来修筑杭州外围的海堤。原先的石板海堤早已挡不住汹涌的海潮,他便下令编造很长的竹笼装填巨石,横以为塘,又以九重巨木为柱,打下六层木桩,以此为基础再筑捍海塘,效果很好。此外,他又在钱塘江沿口筑闸,防止海水倒灌。这一来,杭州最大的生态威胁被降伏了,人们称他"海龙王"。

海管住了,再对湖动手。他早就发现,西湖遇到的最大麻烦就是莙草壅塞、藻荇蔓延,此刻便以一个军事指挥官的风格设置了大批撩湖兵,又称"撩浅军""撩清卒"。几种称呼都离不开一个"撩"字,因为他们的任务就是撩,撩除莙草藻荇,顺便清理淤泥。这些人员都是军事编制,可见钱镠把这件事情完全是当作一场大仗在打了,一场捍卫西湖的大仗。

除了西湖,苏州边上的太湖当时大部分也属于吴越国。太湖大,因此他又向太湖派出了 7000 多个撩湖兵。太湖直到今天还在蔓延的同类生态灾难,钱镠在 1000 多年前就采取了强有力的措施来防治。除了太湖,他还疏浚了南湖和鉴湖。

总之,他与水"摽"上了,成了海水、湖水、江水的"冤家",最终又成了它们的"亲家"。

治水是为了建城。钱镠对杭州的建设贡献巨大。筑子城、腰鼓城,对城内的街道、房屋、河渠进行了整体规划和修建,又开发了周围的山,尤其是开通慈云岭,在钱塘江和西湖之间打开了一条通道。此外还建塔修寺,弘扬佛教,又对城内和湖边的各种建筑提出了美化要求。

作为一个政治人物,钱镠还非常注意属地的安全,避开各种政治灾难,以"保境安民"为宗旨。他本有一股顽泼的傲气,但是不与强权开战,故意看

钱王射潮青铜雕塑　(王跃光摄)

小自己、看大别人,一路秉承着"以小事大"的方针,并把这个方针作为遗嘱。到了他的孙子钱俶,北方的宋朝已气势如虹,行将统一中原,钱俶也就同意把吴越国纳入宋朝版图。这种方略,既体现了一个小国的智慧,又保全了一个大国的完整。

而且,也正因为这样,安静、富足、美丽的杭州后来也就有可能被选为南宋国都,成为当时中国的首席大城市。

钱镠这个人的存在,让我们对中国传统的历史观念产生了一些疑问。他,不是抗敌名将、华夏英烈,不是乱世枭雄、盛世栋梁,不是文坛泰斗、学界贤哲,因此很难成为历史的焦点、百世的楷模。他所关注的,是民众的福祉、一方的平安、海潮的涨落、湖水的浊清。为此,他甚至不惜放低政治上的名号、军事上的意气。

当中国历史主要着眼于朝廷荣显的时候,他没有什么地位;而当中国历史终于把着眼点更多地转向民生和环境的时候,他的形象就一下子凸显出来。因此,前些年我听说杭州市郑重地为他修建了一座钱王祠,就觉得十分欣慰,因为这也是历史良知的一项修复工程。

四

杭州实在是太幸运了,居然在这座城市成为南宋国都之前,还迎来过一个重要人物,那就是苏东坡。

苏东坡两度为官杭州。第一次是30多岁时任杭州通判,第二次是50多岁时任杭州知州。与白居易一样,他来到这座城市的时候也没有显出旷世诗人的模样,而是变成了一位彻彻底底的水利工程师——甚至,比白居易还彻底。

他不想在杭州结诗社、开笔会、建创作基地、办文学评奖。他甚至不想在杭州写诗,偶尔写了一首《饮湖上初晴后雨》("水光潋滟晴方好"),在我看来只是一个寻常的比喻，算不得成功之作。他仅仅是随口吟过，根本不会放在心上。他那忧郁的眼神，捕捉到了西湖的重大危机。如果一定要把西湖比作美女西施，那么，这位美女已经病入膏肓，来日无多。

诗人或许会描写美女将死时的凄艳，而苏东坡则想救她。因此，他宁肯不做诗人，也要做一个真正的男人。

他发现，第一次来杭州做通判时，西湖已经被葑草藻荇堙塞了十分之三；而第二次来做知州时，西湖已经被堙塞了一半；从趋势看，再过20年，西湖将全然枯竭，不复存在。

没有了西湖，杭州也将不复存在。这是因为，如果湖水枯竭，西湖与运河的水资源平衡将会失去，咸潮必将顺着钱塘江倒灌，咸潮带来的泥沙将会淤塞运河，而供给城市用水的"六井"也必将归于无用，市民受不了咸水之苦又必将逃散……那么，杭州也就成了一座废城。

不仅杭州将成为一座废城，杭州周围农田也将无从灌溉，而淡水养殖业、酿酒业、手工业等也都将一一沦丧。国家重要的税收来源地也就会随之消失。

面对这么恐怖的前景，再潇洒的苏东坡也潇洒不起来了。他上奏朝廷，多方筹集工程款项，制订周密的行动方案，开始了大规模的抢救工程。他的方案包括这样几个方面：

第一，湖中堙塞之处已被人围垦成田的，下令全部废田还湖；

第二，深挖西湖湖底，规定中心部位不准养殖菱藕，以免湖底淤积；

第三，用挖出的大量葑泥筑一道跨湖长堤，堤中建造六座石桥使湖水流通，这就是现在的"苏堤"；

第四，在西湖和运河之间建造堰闸，做到潮不入湖；

第五，征用千名民工疏浚运河，保证漕运畅通；

第六，把连通西湖和"六井"的输水竹管更换成石槽瓦筒结构，使输水

苏堤春晓　　（马立群摄）

系统长久不坏，并新建二井。

　　这些事情，仅仅做一件就已经兴师动众，现在要把它们加在一起同时推进，简直把整个杭州城忙翻了。

　　杭州人都知道，这位总指挥叫苏东坡；但大家可能都忘了，这个苏东坡就是那个以诗文惊世的苏东坡！

　　宋代虽然边患重重，但所达到的文明程度却是中国古代的高峰，文化、科技、商业、民生，都让人叹为观止。这一切，都浓浓稠稠地集中在杭州了，杭州怎能不精彩？

　　然而，这种精彩也容易给人造成误会，以为这一切都是天造地设，本来就应该这样。很少有人想到，全部精彩都维系在一条十分脆弱的生态茎脉上，就像一条摇摆于污泥间的荷枝，支撑着田田的荷叶、灿烂的荷花。为了救护这条时时有可能折断的生态茎脉，曾经有多少人赤脚苦斗在污泥塘里。

五

先有生态而后有文化，这个道理，一直被杭州雄辩地演绎着。雄辩到什么程度？那就是：连最伟大的诗人来到这里也无心写诗，而是立即成了生态救护者。

杭州当然也有密集的文化，但我早就发现，什么文化一到杭州就立即变成了一种景观化、生态化的存在。且不说灵隐寺、六和塔、葛岭、孤山如何把深奥的佛教、道教转化成了山水美景，更让我欢喜的是，连一些民间故事也被杭州铺陈为动人的景观。

最惊人的当然是《白蛇传》里的白娘娘。杭州居然用一池清清亮亮的湖水、用一座宜雨宜雪的断桥、用一座坍而又建的雷峰塔来侍奉她。

她并不包含太多我们平常所说的那种"文化"。她甚至连人也不是，却愿意认认真真做一个人。她是妖，也是仙，因此什么事情都难不着她。但当她只想做一个人，一个普普通通的人时，那就难了。

这个故事本身就是对中国历史的一种诘难。中国历史，历来"两多一少"：一是多妖，以及与此近似的魔、鬼、奸、逆；二是多仙，以及与此近似的神、圣、忠、贤。这两个群落看似界限森严却时时可以转换。少的是人，与妖与仙都不同的人。因此，白娘娘要站在人和非人的边缘郑重告诉世间的人：人是什么。民间故事的这个构想，惊心动魄。

杭州似乎从一开始就知道这个民间故事的伟大，愿意为它创制一个巨大的实景舞台。这个实景舞台永远不会被拆卸，年年月月提醒人们：为什么人间这么值得留恋。

像《白蛇传》的故事一样，杭州的要义是追求人间之美。人间之美的基础，是生态之美，尤其是自然生态之美。

在杭州，如果离开了自然生态之美，什么文化都不成气象。

这与我们平常所熟悉的中国历史和中国文化的主旨，有很大差别。

六

我到杭州的最大享受之一,是找一个微雨的黄昏,最好是晚春时节,在苏堤上独自行走。堤边既没有碑文、对联,也没有匾额、题跋,也就是没有文字污染,没有文本形态对于自然生态的侵凌和傲慢,只让一个人充分地领略水光山色、阴晴寒暑。这是苏东坡安排下的,筑一道长堤让人们有机会摆脱两岸的一切,走一走朝拜自然生态之路。我觉得杭州的后人大致理解了他的这个意图,一直没有把苏堤做坏。

相比之下,现在中国很多地方有点儿做坏了:总是在古代文化中寻找自

苏堤 (梅柏林摄)

己这个地方可以傲视别的地方的点点滴滴理由。哪里出过几个进士，便大张旗鼓地筑屋刻石；如果出了一个作家，则干脆把家乡的山水全都当作了他作品的插图。大家全然忘了，不管是进士还是作家，他们作为文化人也只是故乡的儿子。在自然生态面前，他们与所有的乡亲一样谦卑和渺小。

近年来杭州的建设者秉承这座城市的传统，不找遥远的古代理由，不提空洞的文化口号，只是埋头疏浚西湖水源，一次次挖淤清污，把西湖的面积重新扩大到马可·波罗见到时的规模。重修完杨公堤，打理好新西湖，又开发了一片大大的西溪湿地，表达出杭州人在生态环境上的痴迷。

这一来，杭州就呈现出了一个贯通千年的人文宣言。这个宣言，曾经由钱镠主导，由白居易、苏东坡参加起草，由白娘娘从旁润饰，更由今天的建设者们接笔续写。

宣言的内容很复杂，又很简单：关于自然，关于生态，关于美丽，关于人间。

我对杭州，现在只剩下一个最小的建议了：找一个合适的角落，建一座马可·波罗的雕像。雕像边上立一块碑，把他最早向世界报告的那些有关杭州的句子，用中文、意大利文和英文镌刻出来，而且，一定要注明年代。

因为，这些句子悄悄地推动过那些远航船队，因此也推动了世界。

跨湖之舟

马 黎

一

为了保护一条独木舟，就为它建一座博物馆——这句话用在迄今保存的世界上最早的独木舟身上，一点儿都不夸张。

跨湖桥遗址博物馆2009年9月28日开馆，建筑以船为造型。2002年，在跨湖桥西侧发现独木舟的那一刻，三次参与跨湖桥遗址发掘的考古领队、浙江省文物考古研究所研究员蒋乐平就已经心里有数：跨湖桥遗址是一个遭受严重破坏的遗址，这一点在这条独木舟身上体现出来——这是一条被人为加工的残舟。

动还是不动，要不要"打扮"它，如何延长它的寿命，十多年来，考古学者、文博专家几乎每天都在为这条独木舟操心。

蒋乐平至今记得独木舟被发现后的一个情节："我们坐在用毛竹、破篷布支撑起来的简易保护棚里，经常畅想独木舟遗迹被保护利用的美好前景，这正

跨湖桥遗址博物馆遗址厅　（跨湖桥遗址博物馆提供）

独木舟 （跨湖桥遗址博物馆提供）

是做出独木舟现场保护决定的基础。"

2005年，国家文物局批复：同意遗址原址保护。

遗址原址保护是一个艰巨的任务。专家认为，遗址保护的核心工程包括四个方面，需要一项一项落实完成。

第一项是独木舟及木构件的原址脱水。跨湖桥遗址经过海侵，木构件要先脱盐以后马上采取脱水保护，之后才能在常温下进行展示。

第二项，独木舟核心区疏干排水。

跨湖桥遗址博物馆馆长吴健说，遗址原址保护，控制土壤的温湿度很难。过去往往做五面体保护——四周和下面一面也掏空。但他们没这么做，因为勘探发现跨湖桥下面有一层青膏泥，是天然的防水层，渗透率很低的，所以，就不动它，"不然下面的遗址就被破坏了。我们做的四面体，尽可能保护了整个地层关系的延续性，一点儿都没有破坏"。

第三项工程，依然跟土有关：土遗址加固。

如今我们看到的遗址是2001年、2002年的发掘区，边上还有一块未发掘区，有160平方米。"我们也留着不发掘了。保留是为了研究，当年考古探方的隔梁都保存在那里，没动。"跨湖桥遗址博物馆跟南京博物院合作，做了一个土体加固项目，目的就是让它的表面不要风化，尤其是未发掘区土体不要再倒塌。

第四项，微生物防治。土遗址相对湿度比较高，尤其是高温期间，霉菌的滋生对土壤的危害很大。跨湖桥遗址博物馆和浙江微生物研究所一起合作，先在遗址原址里找到菌种，采集样本，实验室化验、分析、培养，再针对相关的菌种研制抑菌的办法和材料。

此外，跨湖桥遗址博物馆还对遗址厅进行了一项恒温控湿综合改造，从源头上控制霉菌的滋生。"霉菌滋生的条件是高温多湿。现在我们降低温度、控制住湿度，霉菌就很难滋生。"吴健说。

这是和泥土、细菌、时间的一场持久战。

"这个手套蛮好的，平时搞卫生也可以用。"戴着一双蓝色塑胶手套，吴健微微弯下身子，从独木舟底部轻松取出一块巴掌大小的木头，像打开机关一样，船底出现一个直径20厘米左右的洞。

眼前这条独木舟，我已来看过多次，它不是普通的舟，而是著名的8000

年前的跨湖桥独木舟，也是迄今世界上最早的独木舟之一。在杭州萧山跨湖桥遗址博物馆遗址厅，6.5米深的湘湖水下，它仍停泊在最初的地方。

从2002年独木舟出土后，20多年了，工作人员一直在对它做原址脱水和科技保护，让它住在恒温恒湿的玻璃房里，边保护边向公众展示。

现在，难道独木舟破了一个洞？

莫慌。

2017年夏天，我曾来看过它一次，临走前，吴健对我说起，馆里正在跟浙江大学合作一个课题，做跨湖桥遗址黏合剂相关材料的分析。其中有一项，就是发现了跨湖桥独木舟底部有一个直径约20厘米的孔洞，被一块削好的木塞用胶黏剂补上了。作为船底抗水压、防渗水的修补黏结材料，古跨湖桥人究竟使用了何种胶黏剂？当时怀疑是漆类，但必须进行科学鉴定。近日，终于有了确切结果，最新一期国际考古学著名期刊《考古科学期刊》（Journal of

湘湖畔的跨湖桥遗址博物馆　（跨湖桥遗址博物馆提供）

Archaeological Science）刊登了吴朦、张秉坚、蒋乐平、吴健、孙国平联名发表的文章《酶联免疫法检测发现 8000 年前新石器时代的跨湖桥居民把天然大漆用作涂料和胶黏剂》。作者们通过科技检测得出结论，8000 年前的跨湖桥先民已经采集并利用生漆作为涂料和胶黏剂。

这项研究是浙江省文物保护科技项目"跨湖桥遗址独木舟修补黏合剂等痕迹检测"的成果之一，由浙江大学、浙江省文物考古研究所和跨湖桥遗址博物馆合作完成，第一作者为浙江大学化学系博士生吴朦，导师为张秉坚教授。

二

我又去馆里看"老朋友"，走进玻璃房，就碰到吴馆长做了这么一个动作。其实，这也是发生在 8000 年前某个跨湖桥人身上的一个动作——他发现自己的舟破了，就想办法打了一个补丁，还用"胶水"把这块补丁严丝合缝地粘了回去，修复了这条独木舟。

这块"补丁"出现在舟的中间位置，没有凸起，和舟体保持在一个平面，说明修补技术非常好，颜色看起来比船体周围的棕色木头要浅一点儿。

"现在你看起来明显，在原来没有清理完成的情况下看，一点儿都不明显，这些缝看不出来，而且本身这个地方，刚好是树疤的位置，颜色和边上有点儿不一样也很正常。你看，旁边也有一块树疤，就是这种状况。"吴健指了指这个洞旁边的树疤，看起来确实也很明显。

那么，是什么时候发现树疤有蹊跷的？我们来前情回顾一下这条独木舟的保护流程。因为跨湖桥遗址经过海侵，独木舟舟体盐的含量比较高，木构件要脱盐以后马上采取脱水保护，之后才能在常温下进行展示。怎么脱盐？

独木舟现在"睡"的床，是一个大的玻璃钢槽，边上放满纯净水，通过浸泡，稀释盐分，通过水的不断置换，降低盐分，再进行文物保护。接下去，

浙江湘湖国家旅游度假区　（丁力摄）

脱水，也要对独木舟的"皮肤"进行清理，比如"搓老泥"，通过纯净水和药水的长期"洗澡"浸泡，木头里面的胶质就开始松动了。工作人员就是在给它"洗澡"的时候，偶然发现颜色不一样了，再看看，哎，这块木头怎么能动了？用手还可以把它拿出来。检测发现，这块木头的材料跟独木舟不同，是阔叶树，材质纹理比较密，分量重，而独木舟使用的是松木，比较轻。工作人员意识到，这块木头可能是粘补上去的，因为独木舟破了。吴健把这块木头拿起来，它只有3厘米厚，口沿有弧度，斜面，上面有一条条切削的痕迹，还有凿的痕迹。

跨湖桥人是怎么粘的？"胶水"是什么？破洞里还留了一些木头残留物，专家取样去实验室检测。而且，不单单是独木舟，还把跨湖桥遗址博物馆的其他两名"嫌疑人"也带走了,微量取样进行检测。其中一名,是跨湖桥遗址一只豆盘上破裂的陶片,陶片边沿曾被发现涂上了胶黏剂,而且是二次粘补痕迹,当时的居民曾将破裂的陶片重新粘补回去。还有一名,是独木舟之外的另一件镇馆之宝:桑木弓。此弓也一直在馆里展示,在跨湖桥遗址发现的这张木弓是中国迄今为止发现的年代最早的木弓。更重要的亮点是,弓全身涂满生漆。

一个洞,牵出了一条关于跨湖桥人使用"胶水"的线索链:漆。

三名"嫌疑人"都跟一种胶黏剂有关,而弓此前已被证实是漆弓,那么,其他两位身上涂的,会不会也是漆?

吴健说,发现这个洞其实是在几年前,一直没有急着去检测,因为整条船已经经过化学处理,成分复杂。

鉴定大漆最常用的分析方法是热裂解-气相色谱/质谱,但是,出土后为了保存木质文物,桑木弓和独木舟都经过了保护性处理,脱水定型所用的化学品,例如聚乙二醇(PEG)等,几乎掩盖了漆酚的特征峰,无法确证。

为了避免化学杂质的影响,浙江大学文物保护材料实验室采用了灵敏度、准确性更高的鉴定方法——酶联免疫法(ELISA)。

既然有了好的科技手段,吴健索性把这三个标本集体送去做了一次检测,就有了这次课题合作。

结果显示,弓的涂层、修补独木舟和陶片的胶黏剂主要成分,果然都是生漆,而且是中国漆。漆的产地分布于东南亚、中国、日本、朝鲜半岛等地,中国本地的漆就叫中国漆。

这个研究也证明,酶联免疫分析方法对8000年前的天然大漆样品依然适用,并且需要的样品十分微量,这种检测方法非常灵敏,可以用于寻找更早的人类使用大漆的证据。

"我们可以合理推断，8000年前的跨湖桥地区，分布着一定数量的漆树，跨湖桥先民发现这种树皮割伤后流出来的汁液是很好的防水涂料和胶黏剂。"吴健说，他们把大漆涂在弓的表面，可能为了减少磨损，用起来更光滑舒服，也可能为了美观。

这些线索串联起来，可以说，用生漆来修补损坏的工具和生活用品，是跨湖桥人普遍掌握的生活小技巧。

三

工作人员把这块"补丁"填回去以后，还发现了一个很有意思的问题。吴健把它放回去后，我看到，修补完成的洞边缘外，还有一圈薄薄的浅坑。"实际上是二次加工，二次粘补。第一次是为了填平，但是结合面很小，不牢固，于是他们在边上又掏了一圈，再填充。意图很明显，就是想把洞补牢。"吴健说。

这事，也越来越复杂了。

独木舟放在水里，水的浮力是朝上的，如果要修补，得从上往下补，怎么补得牢呢？完全受不上力。但我们现在看到的现实情况，按照这样的修补方法，显然是往下补的，也就意味着，如果舟底不动，这个洞是修不牢的。这条独木舟是旧舟，边上的加工痕迹很明显，独木舟当时的正常用途是否改变了？到底是怎么回事，还需要进一步研究。

多年来，吴健和他的同事每天都在照顾独木舟。"它是一个病人，一个老人，年纪越来越大，我们怎么照顾它？出了一些状况，我们需要对症下药。"那么现在，它的体检报告怎么样？吴健说，目前为止，脱水保护的相关浓度基本上已经达标，现在也会根据它的日常情况，再喷一点儿浓度很淡的"化妆水"——化学药剂PEG，通过原子的置换，把船体里的水分排干。

现在基本上已经达到自然风干的阶段，但这个过程很长，不是衣服晾一晾，晾干就行了。晾干过程中，会有起翘、变形，我们每天要观察、记录，让它慢慢适应这个过程，最后彻底达到脱水的目的。除了原址保护，馆里还有一套"天眼"科技监测系统，已经建立了17项设备、47个监测点。霉菌滋生问题、独木舟变形问题、温湿度控制问题、土遗址含水率问题，以及空气里二氧化碳、二氧化氮、二氧化硫的问题，所有的一切，都需要纳入监测。"要根据天气变化、独木舟的反应，比如它表皮会起翘，随时调整方案。这些数据全部通过感应器、感应探头，再通过无纸化记录仪，传输到控制中心，我们的独木舟保护得好不好，用数据说话。"

吴健说，馆里还有一个预警系统，哪个地方一有问题，就会亮红灯，工作人员会第一时间赶去"诊断"。

在很多人看来，通过科技手段实时监测，已经可以做到万无一失。但跨湖桥的保护者们还是不放心。

"遗址原址保护责任很重，尤其独木舟的脾气性格一定要摸透。往往大家认可的温湿度控制范围，常规界定的数据，在我们看来远远不够，我们需要做得更加细致，因为我们整天都在看它。"吴健说。

良渚：寻找消逝的文明

刘斌　关萌萌

良渚古城遗址公园　　（杭州良渚遗址管理区管理委员会提供）

史前时代的太湖流域，有一座临水而建的城市——良渚古城。壮阔辉煌的良渚王都坐落在山间平原上，这里曾是一片河湖遍布的水乡泽国。5000多年前，尚玉的良渚先民来到这片富饶的土地上营建了良渚古城。

良渚古城遗址位于浙江省杭州市余杭区瓶窑镇，处于一处南北20多千米、东西40多千米、面积达1000平方千米的C形盆地北部。古城南北分别峙立着大遮山和大雄山，西部散布着一系列低矮山丘，向东则是敞开的平原，良渚古城处在南面的大雄山、西面的窑山和北面的大遮山三面青山环抱的中央地带，王城中心的莫角山宫殿距离三面的山都是3千米，总体体现了"天地之中，以山为郭"的规划理念。东苕溪自西南向东北蜿蜒流过，最终向北注入太湖。古城所在的区域有着广阔的腹地、优越的自然环境，由此带来丰富的资源和便利的交通条件。

良渚古城

从杭州的武林门往北大约20千米是余杭良渚镇，1936年西湖博物馆的施昕更先生便是在良渚一带开始了第一次发掘，发现了以黑陶为特征的遗址，并出版了《良渚——杭县第二区黑陶文化遗址初步报告》，故有了后来的良渚文化之名；再往前约10千米是余杭的瓶窑镇，出自天目山脉的东苕溪从镇上流过，2007年发现的良渚古城就位于瓶窑镇的东面，今东苕溪的东南岸。自良渚古城被发现和确认之后，经过八年不间断的考古发掘、调查和勘探，我们对良渚古城的结构布局和格局演变有了一个基本的认识。

良渚古城内外的结构层次分明、布局有序，古城核心区主要包括宫殿区、王陵和贵族墓葬区以及手工业作坊区。核心区最中心为面积约30万平方米的宫殿区，其外分别为面积约300万平方米的内城和面积约600万平方米的外郭所环绕，堆筑高度也由内而外逐次降低，显示出明显的等级差异。这种由宫殿区、内城、外城构成的结构体系，是中国最早的三重城市格局。同时，古城

施昕更先生与《良渚——杭县第二区黑陶文化遗址初步报告》（刘斌提供）

良渚古城城址核心区结构图　　（刘斌提供）

北部和西北部还分布着规模宏大的水利系统以及与天文观象测年有关的瑶山、汇观山祭坛，在古城外围也存在着广阔的郊区。

　　良渚古城略呈圆角长方形，方向呈正南北，南北长1910米，东西宽1770米，总面积近300万平方米。古城利用凤山、雉山两座自然山丘为西南角与东北角，城墙总长约6千米，宽20—150米，保存最好的地段高约4米。城墙底部普遍铺垫了一层厚20—40厘米的石块作为基础，可起到加固基础的作用，墙体则以取自山上的黄土夯筑。除南城墙无外城河外，其余三面城墙均有内外城河，形成夹河筑城的模式。目前共勘探发现8座水城门，四面城墙各有两座，与内外水系连通，水城门宽10—60米，南城墙中部还设计了一座由三处小型夯土台基构成的陆城门。除了沿着城墙的城河之外，在城内共发现古河道51条，河道宽度一般为10—50米，深度一般为2—4米，构成完整的纵横交错的水路交通系统，整个良渚古城犹如一座水城。

莫角山宫殿区位于古城的正中心，堪称中国最早的宫城，宫殿区的面积要远远超过年代更晚的龙山时代的石峁、陶寺和夏代的二里头宫殿区或宫城。它是一处人工营建的长方形土台，呈长方形覆斗状，台底东西长约630米，南北宽约450米，面积近30万平方米。勘探显示，莫角山土台堆筑时，其西部利用了一座自然山体，并取沼泽的青淤泥将山体东部的低洼地填高，形成莫角山土台的基础，再在其上堆筑黄土。其中，东部的人工堆筑层厚度10—12米，西部的人工堆筑层厚度2—6米。整个莫角山土台的人工堆筑工程土方总量达到228万立方米，这是古埃及金字塔之前全世界规模最大的单体建筑工程，也是全世界距今5000年规模最大的土方工程。

莫角山又称古尚顶，其上分布有大莫角山、小莫角山、乌龟山等三个小型土台，应为主要的宫殿基址。其中，大莫角山位于古尚顶高台的东北部，是面积最大、最高者，大莫角山顶上发现了七个面积300—900平方米的高台式建筑基址，呈南北两排分布。经解剖发掘发现，大莫角山的四面，最初留有宽5.5—12.8米、深0.6—1.5米的围沟。大莫角山是莫角山宫殿区内最重要的宫殿基址。

在良渚古城的外围，分布着扁担山—和尚地、里山—郑村—高村、卞家山及东杨家村、西杨家村等长条形高地，均为人工堆筑而成，宽30—60米，人工堆筑高1—3米。这些长条形遗址断续相接，构成多个围绕古城城墙分布的框形结构，基本形成外郭城的形态，合围面积达6平方千米。在这些遗址和城墙之间还分布着美人地、钟家村、周村等长条形居住地。外郭城是良渚古城的整体组成部分，是当时在古城外围一定范围内经过规划的居住区，外郭城的建筑和使用年代主要为良渚晚期。从出土遗物分析，外郭城范围应该是主要的手工业作坊区。

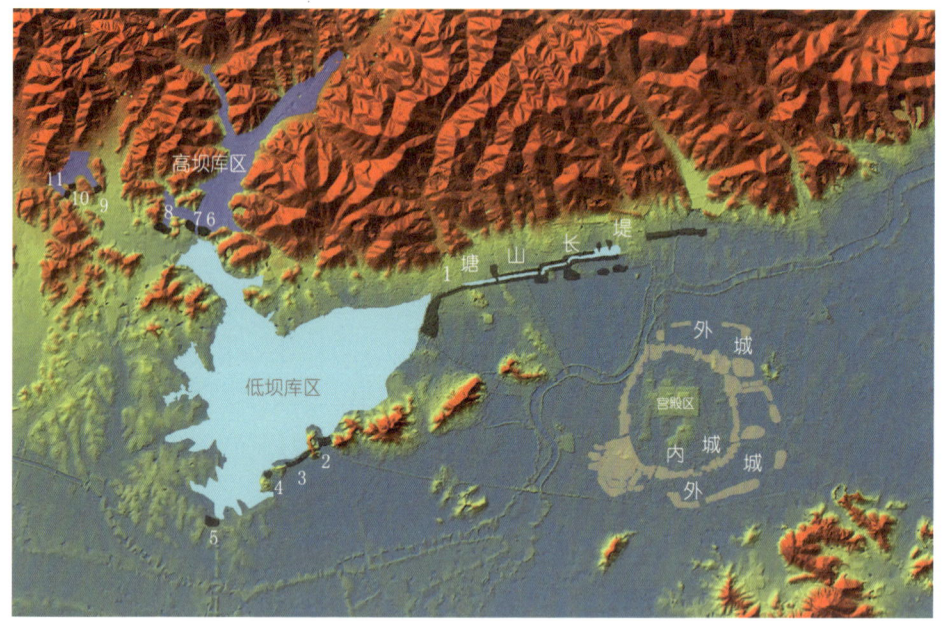

良渚古城及水利系统　　（刘斌提供）

在良渚古城兴建的同时，良渚人还规划修筑了外围的水利系统。水利系统由11条水坝组成[1]，可分为修筑于两山之间的谷口高坝、连接平原小山的低坝及山前长堤，库区面积约14平方千米，蓄水量可达到6000万余立方米。

良渚古城的东北和西北面还分布着瑶山、汇观山祭坛及贵族墓地。古城外围有约100平方千米的近郊区，遗址分布密集。距离古城以东约20千米的临平玉架山—茅山遗址群及古城东北20千米的德清中初鸣遗址群应该是良渚古城的远郊区。

良渚古城核心区、水利系统、外围郊区总的占地面积为1000多平方千米，

---

[1] 浙江省文物考古研究所：《杭州市良渚古城外围水利系统的考古调查》，《考古》2015年第1期。

规模极为宏大。整个城市系统的布局与山形水势充分契合，显示出良渚先民在规划古城时视野之广阔。据不完全统计，古城系统土石方工程总量超过1000万立方米，根据考古发现，良渚古城建造时并不是在几百年内慢慢扩大的，而是统一规划、短时期内形成的。完成这一工作，需组织大量人力，而且要对其进行分配调度，为其提供包括工具、饮食等后勤保障和有效的工程质量监控，这显示出良渚社会巨大的动员与组织能力。良渚古城规划合理、营建考究、工程浩大，也被誉为"中华第一城"。

高度发达的玉器——"神王之国"

玉文化是中华文明的重要文化基因之一。中国用玉的历史可以上推到距今9000年的黑龙江小南山文化。最早的玉器主要是简单的装饰品和小工具。距今5500—4000年，玉器的种类从早期以装饰品和工具为主到发展出成套的玉礼器，并逐渐形成一些比较重要的用玉文化，如凌家滩文化、红山文化、崧泽文化、良渚文化、石家河文化、齐家文化等。良渚玉器是史前时期中国玉文化的最高峰。

神灵崇拜与玉礼器系统的设计是良渚社会政权维系的主要手段和纽带。良渚人创造了一套以琮、璧、钺、冠状饰、三叉形器、璜、锥形器为代表的玉礼器系统，同时，不仅许多玉器上雕刻有神徽图案，而且玉琮、冠状饰、玉钺柄端饰等许多玉礼器的构形都与表现这一神徽有着直接的关系。玉礼器系统及神徽在整个环太湖流域的良渚玉器上表现得极为统一，显示良渚文化有着极强的社会凝聚力，且存在统一的神灵信仰。良渚文化的玉器与崧泽文化相比，在数量上、体量上、种类上以及雕琢工艺上都有了很大的发展，似乎是一蹴而就的。这种跳跃式的发展也正是伴随着王权兴起而产生的一种现象。良渚国王和权贵通过一整套标志身份的玉礼器及其背后的礼仪系统，达到对神权的控制，

玉琮王（反山 M12∶98）及其上刻画的完整神徽　　（刘斌提供）

从而完成对王权、军权和财权的垄断。

　　玉琮是良渚文化极富特征的典型器。良渚玉琮是神徽的载体，在良渚文化中，凡可称为琮的，均施刻了半人半兽的神徽图案，最早的玉琮概念，应是四面刻了神徽的柱子。玉琮的形态起源与发展，即是对神徽直接表现的产物。在良渚文化发展的 1000 年里，玉琮的形式主要沿着从圆到方、鼻线加高的轨迹变化，在琮体形式发展的同时，其上的神徽纹样也经历了从繁到简的演化。从玉琮与神徽的紧密关系可知，玉琮应是作为直接的祀神礼器而为少数巫师和首领所拥有，而首领可能也正是巫师。

　　玉冠状饰在良渚玉器中较为多见。一般为两面平整的扁薄体，总体形态略近倒梯形，上端中间往往有凸起的尖，左右为对称的平面，底部修成扁榫状，榫上有数个对钻的小孔。因其整体形态与完整神徽的弓形帽子十分相像，在反山发掘时我们将它命名为玉冠状饰。在反山、瑶山高级贵族墓地中，每座墓都有一件冠状饰，而在张陵山、草鞋山、寺墩、福泉山及中等级的许多墓地中，冠状饰只出土于地位较高的墓葬中。这表明冠状饰是用于标明身份的不可或缺的礼器。1999年，在浙江海盐周家浜遗址的发掘中，发现了与象牙梳连在一起的冠状饰，由此可知冠状饰是插在墓主人发髻上的一种头饰。冠状饰的形态主要源于对神徽冠帽的表现，是神徽帽子的象征，是可以通神的标志，因而是每个贵族首领或巫师必需的佩戴物，巫师和首领便成为神的化身，这显示了良渚文化政教合一的统治模式。

钺是良渚文化常见的随葬品，从随葬情况及按柄形制等方面分析，钺应是良渚文化的一种主要武器。玉钺是仅限大墓才有的随葬物，一座墓一般只有一把玉钺，作为王或者首领的权杖。林沄先生在《说"王"》一文中指出，甲骨文中"王"这个字即是以钺为蓝本创造出来的。[1] 钺柄顶端的玉饰侧视如同一艘小船的剪影，这是为了适应钺的按

[1] 林沄：《说"王"》，《考古》1965年第6期。

冠状饰（反山M17∶8）与周家浜M30出土象牙梳　（刘斌提供）

玉钺王（反山 M12：100） （刘斌提供）

玉璧（姜家山 M8：32） （刘斌提供）

柄方式，将神徽的羽冠以鼻线为中轴对折起来的一种表现手法，形态上正好是正面视角的冠状饰的一半。将神的羽冠戴在象征军权与王权的权杖上面，那么军权与王权便也被赋予了神的意志。在已知良渚文化最高等级墓葬反山 M12 出土的玉钺上，两面对称地刻有两个神灵的完整图案，这显然是神权与政权融合的一种表现形式。

玉璧是良渚玉礼器系统中的大型器物。一般直径在 20 厘米左右，厚度在 1 厘米左右，中间穿孔大小不等。玉璧一般光素无纹，只有极少数传世品有类似阶梯状的台形图案。从玉质上看，良渚玉璧的玉料一般与其他玉器质料不同，大多呈斑杂结构。玉璧在当时应是"以玉事神"的祭品，并且，随着玉礼器系统的逐渐完善和发展，玉璧越来越受重视。

从良渚古城的考古尤其是良渚玉器的研究可知，在良渚文化中，神权至高无上，神权与王权是紧密结合的。总体而言，良渚文化是一种以神权为纽带的文明模式，与古埃及的文明模式极为一致。良渚文化所创造的玉礼器系统以及君权神授的统治理念，也被后世的中华文明吸收与发展。

良渚玉器中比较重要和有特色的玉器还有三叉形器、玉璜、锥形器等。

三叉形器（反山 M20 : 91）　　玉璜（反山 M23 : 67）　（刘斌提供）

锥形器（姜家山 M1）　（刘斌提供）

山西襄汾陶寺遗址出土玉琮　　　　　陕西延安芦山峁遗址出土玉琮　　（刘斌提供）

良渚文化的影响与传承

考古学文化所展现的历史，在很大程度上反映了一定区域内文化现象的一个延续的过程。中国历史的无间断性，更是要求我们在一个过程中连续地看待文化现象。从以玉器为线索的文化现象看，良渚文化及其族群并未消亡，良渚的文明因素在之后融进了一个更大的时空范围。

良渚文化对同时期文化的影响主要表现在苏北的大汶口文化和广东的石峡文化上。与山东省交界的江苏新沂花厅遗址是良渚文化与大汶口文化混融的遗址，在这里发现了迄今为止良渚文化最长的一件锥形器，以及琮、璧、钺、冠状饰等良渚文化典型的玉礼器[1]，这里应是良渚文化直接影响的疆界。此外，良渚文化晚期，在更远距离的广东石峡文化也有多处遗址发现了较多良渚文化的琮、璧、钺、锥形器等玉器。[2]

台形和鸟杆的组合图案，由于多见于传世的良渚文化晚期形态的玉璧和

---

[1] 南京博物院：《花厅——新石器时代墓地发掘报告》，文物出版社，2003年。
[2] 杨式挺：《广东史前玉石器初探》，《东亚玉器》，香港中文大学中国考古艺术研究中心，1998年；广东省博物馆、曲江县文化局石峡发掘小组：《广东曲江石峡墓葬发掘简报》，《文物》1978年第7期；广东省文物考古研究所、广东省博物馆、广东省韶关市曲江区博物馆：《石峡遗址——1973—1978年考古发掘报告》，文物出版社，2014年。

玉琮上，因此一直以来被认为是良渚文化晚期的一种象征性符号。1996年，考古人员在浙江桐乡叭喇浜遗址中发现良渚文化晚期镂刻于豆把上的这种图案。在浙江好川墓地和温州老鼠山墓地[1]，以及山东莒县陵阳河遗址等，都发现了与台形图案一致的台形镶嵌玉片，反映了在良渚文化晚期及龙山时代，在中国的东南部已经形成了一个地域广阔的文化交融信仰圈。

在山西的陶寺遗址中出土的玉琮，有横的分节以及四面的竖槽，显然是良渚文化后续广富林文化时期玉琮传播演化的产物。在陕北的延安芦山峁、神木石峁等龙山时代的遗址中，出土和采集有良渚式的玉琮，另外有较多的玉钺、玉璧和玉璋等。其中，玉琮不仅四面有竖槽和分节，而且还刻画出与良渚文化玉琮一致或相似的神徽，显然是良渚文化直接传播的结果。[2]

以玉为载体的礼制和意识形态，同样为夏、商、周三代所继承和发展。在二里头、殷墟等夏商时代的许多遗址中，也都发现了源自良渚文化的玉琮等玉器。[3] 良渚式的玉琮和玉锥形器等还在四川广汉三星堆以及成都金沙等商周时代的遗址中被发现，尤其金沙遗址出土了真正的良渚文化晚期的玉琮[4]，这更直接反映了更早时期长江上下游之间的文化交流。

此外，良渚文化所创造的琮、璧、钺、璜等玉礼器还被纳入《周礼》的礼

---

[1] 浙江省文物考古研究所、遂昌县文物管理委员会：《好川墓地》，文物出版社，2001年；王海明、孙国平、蔡钢铁、王同军：《温州老鼠山遗址发现四千年前文化聚落》，《中国文物报》2005年5月28日。

[2] 姬乃军：《延安市发现的古代玉器》，《文物》1984年第2期；戴应新：《陕西神木县石峁龙山文化玉器》，《考古与文物》，1988年第5、6期合刊；王炜林、孙周勇、邢福来：《陕西神木新华遗址》，《1999中国重要考古发现》，文物出版社，2001年；陕西省考古研究所：《陕西神木新华遗址1999年发掘简报》，《考古与文物》2002年第1期。

[3] 中国社会科学院考古研究所：《殷墟妇好墓》，文物出版社，1981年；中国科学院考古研究所洛阳发掘队：《河南偃师二里头遗址发掘简报》，《考古》1965年第5期。

[4] 四川省文物考古研究所：《三星堆祭祀坑》，文物出版社，1999年；成都市文物考古研究所、北京大学考古文博院：《金沙淘珍——成都市金沙村遗址出土文物》，文物出版社，2002年。

瑶山遗址　（杭州良渚遗址管理区管理委员会提供）

器系统，同时产生了圭、璋、琥、戈等许多新的玉礼器。《周礼》记载"以玉作六器，以礼天地四方。以苍璧礼天，以黄琮礼地，以青圭礼东方，以赤璋礼南方，以白琥礼西方，以玄璜礼北方"，并规定"王执镇圭，公执桓圭，侯执信圭，伯执躬圭，子执谷璧，男执蒲璧"。这一时期的玉器逐渐褪去神性，且在文化特征上逐渐走向一体化，在用玉的理念上进一步人格化和道德化，所谓"君子比德于玉"。直到今天，我们中国人对玉仍有特别的钟爱与信念。

除玉器外，良渚文化对中华文明的贡献还有很多，比如稻作农业的生产方式、江南水乡的生活方式、环绕中心的城市规划理念，以及漆器红黑相间的审美风格等。在良渚之后的几千年里，虽然文化的面貌与载体随着时代的发展而不断变化，但良渚人的文化精神与理念却渗透在中华文明的血脉之中。从良渚文化的传播和传承过程中，也可以看到中华文明从多元走向一体的过程。

2019年7月6日，"良渚古城遗址"获准列入《世界遗产名录》，成为我国第55处世界遗产。这标志着中华5000多年的文明史得到了国际社会的广泛认可。5000年前的古中国与同处北纬30°的尼罗河流域的古埃及、两河流域的苏美尔以及印度河流域的哈拉帕同时期进入了国家文明社会阶段。

行在杭州，于莫角山高台环视群山，于瑶山祭坛观象授时，于老虎岭水坝探究千年前的超级工程，我们在回望人类历史的瞬间，5000年前的良渚文化似乎也不再遥远。

任 轩

大先生的大运河

1911年早春，绍兴府中学堂师生旅行至禹陵，在百步禁阶上合影留念，鲁迅也在其中　（鲁迅文化基金会提供）

一

1910年8月中旬，鲁迅来到杭州运河边的拱宸桥。

那时候，鲁迅离开浙江两级师范学堂，赋闲在家，刚刚准备去绍兴府中学堂上班，任博物学教员。

据鲁迅家的管家王鹤照回忆，那一天，大先生让他准备一条二道明瓦的乌篷船，并对他说："带你和建人同去杭州一趟，下次汇钱，你就可独自去汇了。"

二道明瓦的乌篷船，因其特点是行船速度快，故又称"梭飞"。

王鹤照十二三岁时进入鲁迅家，至此已经九个年头。而王鹤照这一生，在鲁迅家工作的时间足足有 30 年。

8月的这一天,晚饭吃过,他们抱着自家的毯子,从家门口的张马桥上船,朝西兴方向摇去。他们在满天星斗下愉快地谈天,也在欸乃的桨声中进入梦乡。

周建人在《鲁迅故家的败落·孤独者》中写道:

> 一路上三人在船舱里闲谈。大哥对我的好学颇为赞许,他自己是极勤奋的,他也反对颓唐、游荡、懒散和无所作为的人。他认为,社会再坏,我们还是要向上,要奋发,不能跟着社会一起烂掉,而是要新生。

只一夜,天亮,船便到了西兴。

绍兴到西兴的主要水路叫萧绍运河,也叫西兴运河,是浙东运河其中一段,现在也是世界文化遗产——中国大运河的一部分。

由于那时河道两旁铺有石材(供舟夫拉纤之用),水路便也俗称"塘路"。在通铁路以前,西兴是钱塘江南岸各市、县到杭州的必经之地,人与货都要在这里摆渡过江,会有一定时间的滞留,便给当地带来了商机,因而出现了帮人摆渡过江、转驳货物的"过塘行"。

过塘行,有人认为就是转运行或转运站。但其实二者还是有区别的,过塘行享有货物过塘的专营权,转运行没有这一权限。而且,过塘行承办货物,一般不超过三天,对承运的货物负有事故保险责任。

据《杭州市西兴镇志》载,清末、民国时期,这里号称有过塘行七十二爿半,从业人员(挑夫、船夫、轿夫、牛车夫)达千人,是西兴一大支柱产业。

2011年年底,国内遗产专家在调研大运河杭州段时提出了一个观点:应把西兴码头及过塘行建筑群作为遗产点。理由是此地乃京杭大运河与浙东运河的连接点，好比人体的关节，其意义和价值不言而喻。

2014年6月22日，西兴过塘行码头、拱宸桥、桥西历史文化街区、富义仓、凤山水城门遗址成为首批中国大运河世界文化遗产点。

二

鲁迅偕王鹤照、周建人的拱宸桥之行，目的是给在日本的周作人一家寄生活费。

这件事也出现在1910年8月15日鲁迅写给许寿裳的信中："今至杭，为起孟寄月费，因寄此书。留二三日，便回里矣。"起孟，即周作人。当时鲁迅每个月都要给周作人邮寄60元生活费，故称"月费"。

60元，相当于当时中学教员鲁迅月工资的近两倍，为小学教员周建人七个半月的工资，差不多可供七个半家庭作月支生活费，实在是一笔不小的款子。不足部分，鲁迅只得变卖田产。

鲁迅给在日本的周作人寄钱，1910年8月这是第一次，以后延续了很多年，不仅婚后周作人一家靠鲁迅供养，乃至其岳父母家也要鲁迅资助，周作人的妻子甚至在信中称鲁迅为"财神"。

1919年，周家迁居北京，周作人和鲁迅同住八道湾11号，也靠鲁迅养家。但四年后兄弟交恶，这两棵血脉相连、同根而生的大树在1923年7月的某一天突然划地而治，永不往来。

更不堪的是，鲁迅不会想到，在他去世后，周作人在抗战期间居然落水做了汉奸，"卿本佳人，奈何做贼"。

1910年，汇钱至日本属于国际汇兑业务，而在浙江，这项业务只有拱宸桥能办。

当年拱宸桥日租界西南角　　（任轩供图）

《马关条约》签订后，1896 年，杭州拱宸桥一带被辟为日租界。11 月 1 日，日本人在拱宸桥运河东北面的"乌龟尾巴桥"北侧拐弯处开设二等邮便局。因地处偏僻，没多久便迁至通商场地界。该邮便局一直存续到 1922 年 12 月 31 日才关闭。

当年拱宸桥的日本邮局的位置，我尚不知确处，只是每回路过金华路拱宸桥邮局，不说常常，但也有好多次想起鲁迅先生的这一段往事。

我认为那一天大先生来到拱宸桥东，擦肩而过的人中并无人识得他，更遑论晓得他之于中国的意义。当然，他当时还不是"中华民族新文化的方向"，也还不叫鲁迅，只是绍兴府中学堂一个即将到岗的新教员周树人。

百年前通信和媒介的落后与今日之发达相较，就好比原始丛林与文明社会的区别。鲁迅给周作人寄生活费，并非一件轻松的事情。绍兴到拱宸桥，说远不远，说近不近，来回起码要费两夜一昼的时间。

但那是亲情所驱，是责任所系，因而舟车劳顿似乎也就成了每月一次的照例的旅行。周建人在《鲁迅故家的败落·孤独者》里回忆陪鲁迅到拱宸桥给周作人汇款时,用的就是"玩了一趟"的说辞。

到拱宸桥汇款至日本,李叔同、丰子恺等人也经历过。

大约1917年年中开始,尚在浙江省立第一师范学校做教员的李叔同,曾数次前往拱宸桥日本邮局给在日本留学的昔日学生刘质平汇寄生活费,每次大约20元。

在沈本千《湖畔同窗学画时——忆丰子恺》中有这样一段话:"当时所有画具画纸与颜料,国内尚少供应,我们需用的,都是从拱宸桥日本邮局汇款向东京文房堂函购的。"

三

据王鹤照的回忆,到拱宸桥后,鲁迅带他们到日本人开的店里吃茶、吃点心、理发:

> 点心是大虾面,大虾对剖开,鲁迅先生问我:"好不好吃?"我说:"蛮好吃!"几个女招待员拿热毛巾来给我揩,我脸孔血血红,羞煞哉,动也不敢动。鲁迅先生笑笑说:"鹤照只有介点本事,脸孔红红,像吹涨肺头介了。"鲁迅先生还叫我去理一理发,这家理发店也是日本人开的,理发员是女的,我不好意思给她剃,正在犹豫,鲁迅先生来了,说:"鹤照,怕什么羞呢,剃着好了!"当天下午鲁迅先生陪我去日本邮局寄了钱和信;从日本人的营业员手里接过信条就回来了。晚上,鲁迅先生还约建人先生和我一道去看电影,这是我第一次看到电影。

昔日拱宸桥上眺望各国通商场　（任轩提供）

回到绍兴，鲁迅同母亲讲起了此番拱宸桥之行，笑着打趣说："鹤照嘴巴石石硬，拱宸桥剃头时像个雌张飞了。"

而据周建人的《鲁迅故家的败落·孤独者》所记，他们到拱宸桥日本邮局办理了跨国汇寄手续后，"大哥做向导，带我们到处游览。每到一个地方，大哥就和我们讲这个地方的故事或传说"。

拱宸桥东西横跨大运河，是京杭大运河的起讫点标志。它始建于明崇祯四年（1631年），中间几经兴废，今之规模为清光绪十年（1884年）重建，全长98米，桥面中部宽5.9米，高约16米，三孔驼峰薄拱薄墩联孔，拱券为纵联分节并列砌筑。桥形巍峨高大，气魄雄伟，是杭州城区现存最大的一座石拱桥。当年康熙、乾隆下江南的御码头分别在其南面的北新关和仓基上。

1910年，拱宸桥一带颇为繁盛，途经杭州，取道运河北上，需在拱宸桥搭乘内河轮船。

此外，这里公司、洋行、商铺、旅馆、茶园、戏院等商业发达。天仙、丹桂、阳春、荣华、景仙、丽春六大茶园名闻运河南北，成为后人了解此地作为水陆交通枢纽地位，以及码头经济和娱乐业的重要素材。

因此，在拱宸桥吃茶、吃点心，并不稀奇。

王鹤照所忆三人一起看的电影，应该是无声电影。

浙江省第一部无声电影，正是在拱宸桥阳春茶园上映。

当时电影还不叫电影，叫"电光影戏"，也叫"电灯画戏"。1908年5月，阳春茶园在《杭州白话报》上刊登了大幅广告："本园主人司点文生为始创电灯画戏之伟人也，独出心裁制造电光快镜，奇怪悦目，动静如生，有必画新，无影不备，非常声价，中外驰名，其余影戏均望尘不及。"这是吹司点文生本人的。接下来，广告继续吹：其一，吹阳春茶园的影片数量之多，达"数百幅，日日更换，无美不搜……所演各戏中外皆有，嬉笑怒骂宛如生人，与杭人所听之留声机器迥不相同"；其二，吹设备之先进，"特由英国购置最近发明电气留声大机器，声音能达六里之远"。

四

这不是鲁迅第一次到拱宸桥。

1898年5月1日，鲁迅离开绍兴前往南京投考江南水师学堂，这也是鲁迅第一次真正的"离家出走"。他实在厌倦了在绍兴的生活，怀揣着母亲为他东拼西凑的八元川资（据周作人文章中说，绍兴到南京，路费大概要花六元），迫不及待地离开了故乡。十一日从绍兴出发，十二日到杭州，从故乡到南京，行程需要六天。

这一次行程，我们没有看到相关资料，但是三年后，周作人有一次一模一样的行程，被记录于他的《知堂回想录》和部分日记中。

1901年农历七月十二，在绍兴老家的周作人接到鲁迅写于当月初六从南京寄来的信。

农历七月廿九下午，周作人与封燮臣（毕业于江南水师学堂）一家同乘姚家埭往西兴的夜航船前往南京。

此前四月份，在老家过得很烦、感觉一刻也无法再待下去的周作人，也想走鲁迅的道路，他写了一封信给鲁迅："托另图机会，学堂各处乞留意。"

鲁迅随后在学校帮周作人搞到了入学名额。

由于这是周作人第一次到南京，路途陌生而遥远，鲁迅特地请回乡迁家的封燮臣关照其弟。

夜航船于次日清晨到达西兴，周作人日记中写着："七月三十日，晴。晨至西兴，落俞天德行。上午过江，午至斗富三桥沈宏远行。下午下驳船，至拱辰桥，下大东小火轮拖船。"

《知堂回想录》对此则有更详细的叙述：

> 斗富三桥的沈宏远行也是与俞天德行同性质的一家过塘行，旅客借他的地方略为休息之后，便下驳船，往拱辰桥，船钱大约是一角吧。不知道有多少里路，坐在船上总要花费三四小时，这是在狭窄的内河里行走，须用竹篙来撑，所以花的时候很多。在将近拱辰桥的地方，须得过一个"坝"，这乃是一个土坡，介在内河外江的中间，船只经过这坡，须用绳索络在船首，用绞盘倒拖上去，普通总是外江水涨，所以出去很是费力，进来便只是顺流而下罢了。有些地方内外河距离颇远，所以过坝费事得很，须得把船抬着走一段路，像拱辰桥的要算是最便利的了。

俞天德和沈宏远，都是过塘行的商号。拱辰桥，周作人有时写作"拱宸桥"。

斗富三桥在今杭州东河过西湖大道不远的河道上，东河北端与京杭大运河连通。南宋初，东河南端与中河是有明水连通的，后来建德寿宫时被填，便成为断河头，直到 2009 年杭州市整治中、东河时，东河与中河才重现明水连通的景观。宋高宗赵构以"倦勤"为由禅位给宋孝宗赵昚之后，便在原秦桧宅邸的基础上加以扩建，扩建后的建筑就是德寿宫。

现今京杭大运河杭州段与钱塘江连通处在三堡船闸，但这是 1988 年以后的事情了。在此之前，京杭大运河与钱塘江沟通，从河到江要先过德胜坝，入上塘河，再入中河或东河，入东河最终也还是得入中河，因为只有中河与钱塘江连通。中河往南到复兴路与龙山河接轨，从白塔下入钱塘江。从江到河，则从中、东河进上塘河，过德胜坝方可达成。

当然，这是元至正十九年（1359 年）以后的事情，1359 年以前运河的主道是上塘河。因此，中国大运河在杭州的 11 个世界文化遗产点段中的 5 个段（遗产河道）就有上塘河、中河、龙山河，江南运河杭州塘段（江浙省界至坝子桥）、浙东运河主线（西兴段）。

周作人所说"须得过一个'坝'"的这个坝，便是德胜坝。其名源自咫尺之距的德胜桥。德胜桥的历史很久远，北宋时叫堰桥，因为建炎三年（1129 年）韩世忠勤王，在此地打了胜仗，所以桥名就成"德（得）胜"了。

那时候，在拱宸桥，有多家轮船公司从事往返内河航运业务。

1900 年的《东西商报》载："大东轮船公司，本店在东京，分店在上海。苏州、杭州设支店，以从事上海苏州间、上海杭州间运输业。现杭州支店，设其便店于城内淳祐桥及城外新码头，以集收乘客货物，日日以数艘船舶运到拱宸桥支店，于此处转载乘客货物于他船。每日下午五点钟出船开行，乘客及曳船数不一定，然概五六十名内外。货物由时季有多寡，其主要物为制茶、扇子、绸子、湖丝、火腿等。拱宸桥下流至上海，塘楼（引注：疑应为塘栖）镇、石门县、石门湾、嘉兴府、嘉善县置代理店，处分乘客及货物。"

20世纪初,美国摄影师西德尼·戴维·甘博拍摄的京杭大运河杭州段上货船沿着翻坝滑入河道　　(任轩提供)

这一天下午,周作人到拱宸桥并未上岸,从驳船上就直接跳到了大东轮船公司的小火轮拖船上。次日,即农历八月初二早晨,他到达上海,三天后前往南京。他在日记中写道:"初四日,晴。下午,下江永轮船……初六日,晨小雨,至江阴雨止,到镇江,上午至南京下关。"南京下关离他此行目的地南京水师学堂只有一点点路程。至此,他可谓平安到达了。

从故乡到南京,行程都花了六天时间,可见鲁迅当年第一次离开故乡到南京水师学堂所走的路线,跟周作人走的路线是一致的。

事实上,当时从杭州到南京,除了水路,无更便捷的交通方式。沪杭铁路直到1907年才通车。即使是通车后,鲁迅也并非都坐火车往来沪杭。1913年农历六月,鲁迅从北京回绍兴,走铁路——先坐火车到上海,再坐火车到杭州;返程回北京,到上海这一段,则改为水路:"廿八日晨,抵西兴,作小简令舟人持归与二弟。即由俞五房雇轿渡江至南星驿。午后车发,即至拱宸,登大东公司船向上海。"

周作人在南京读书期间，经过拱宸桥的次数就有八九回。但与其相比，除了到拱宸桥汇款，二人文字中确切提及鲁迅经过拱宸桥的次数大概有四次：1898 年赴南京考江南水师学堂、1899 年农历十一月廿六、1913 年农历六月廿八、1903 年农历七月十八。

1903 年农历七月十六，周作人与鲁迅相偕从绍兴启程，游历杭州，后从拱宸桥前往上海："予与自树（鲁迅当时的别号）既决定启行，因于午后束装登舟……次晨至西兴埠。"又："大雨，雇轿渡江，至杭州旅行社……次日伍习之来访，云今日往沪，因约同行。下午予二人乘舟往拱宸桥，彼已先在，包一小舱同往，舟上纵谈甚欢。"（周作人《鲁迅小说里的人物·旧日记里的鲁迅·癸卯二》）

此番行程到上海后，9 月 13 日鲁迅从上海虹口搭日本邮船回日本，周作人则自上海前往南京继续学业。

五

"希望是本无所谓有，无所谓无的。这正如地上的路；其实地上本没有路，走的人多了，也便成了路。"这句话是鲁迅在《故乡》中写下的，他真切希望人们过"新的生活，找到一条新路"。

大运河对于鲁迅，也是一条新路。

没有大运河，鲁迅通江达海、走南闯北难以想象；没有大运河，鲁迅可能还是周树人。

大运河对于中国，对于江南，对于杭州，更是一条新路。

我经常想：没有大运河，会怎么样？

没有运河，没有漕运的开通，中国也许会"散装"，很难形成大一统的格局。它是解决中国南北社会和自然资源不平衡的重要措施，以世所罕见的时间与空间尺度，展现了农业文明时期人工运河发展的悠久历史，代表了工业革命前水利水运工程的杰出成就。它实现了在广大国土范围内南北资源和物产的大跨度调配，沟通了国家的政治中心与经济重心，促进了不同地域间的经济、文化交流，在国家统一、政权稳定、经济繁荣、文化交流和科技发展等方面发挥了不可替代的作用。大运河由于其广阔的时空跨度、巨大的成就、深远的影响而成为文明的摇篮，对中国乃至世界历史都产生了巨大而深刻的影响。

流过 2500 多年岁月的中国大运河，贯通南北，与海河、黄河、淮河、长江、钱塘江等五大水系一起，串联起整个中国。大运河上，水声脉脉，桨声悠悠，向人们倾诉着它两千多年来一统山河的大国梦……

没有大运河，杭州只不过是中国南方区区小县而已。

所以，杭州因湖而名、因河而兴，拱宸桥也是历史的见证者。

因为大运河，拱宸桥一带成为杭州近代工业的发祥地。中华人民共和国成立后，拱宸桥地区迈入波澜壮阔的运河南端的"大厂时代"。这里先后诞生了"亚洲第一"的浙江麻纺厂，国内同行业领军企业——杭州第一棉纺织厂和杭州丝绸印染联合厂，以及国内著名军工企业大河造船厂，等等。

一排排的烟囱林立在运河两岸，汽笛声传来，远远望去，整个拱宸桥地区仿佛是行驶在大洋上的一艘巨舰。在鼎盛年月里，这一片土地上的人们曾依据大厂的汽笛声来决定淘米还是起床。

然而大运河不堪重负，变黑了，变丑了，变臭了，拱宸桥渐渐成为一个让居民羞于启齿的区域名称。

这座城市的建设者亦思考着这段河流的未来。

1997 年后，围绕着拱宸桥，大运河开始蝶变。

桥西一带，工业遗存向博物馆、非物质文化遗产馆转型，这里有大运河

京杭大运河杭州段拱宸桥　（杭州市运河集团提供）

运河雅集——昆曲演员杨崑表演中　　（徐军摄）

畔规模最大的博物馆集群：中国刀剪剑博物馆、中国扇博物馆、杭州工艺美术博物馆、手工艺活态馆、大运河紫檀博物馆、大运河数字文献馆、大运河数字影像馆，以及堪称"没有围墙的工业遗存博物馆"的小河公园等。

还有晓风书屋、舒羽咖啡、吴理人的画廊、百年的荣华戏院，包括我所在的拱宸书院，点缀其中，打卡者众。拱宸桥再一次为国内外瞩目，登上美国《时代周刊》，成为外媒采风目的地。

在此一系列城市行动中，原住民、原生态的保护理念被确立，而这一切行动的方向只有一个：让大运河畔更适合人居住，而不是把原住民赶走。

大运河申遗，不仅改变了枕河人家的生活环境，水更清，岸更绿，就连桥下空间也成为文化艺术与居民茶余饭后交融的生活现场。

我带朋友逛桥西的时候，常常会遇到热心的居民主动为我们讲那些里巷和建筑的故事。我也曾采访过一些居民。有些人虽然离开了街区,但每天照例两次到拱宸桥,一次晨练,一次散夜步;有些人则面对高价购房的诱惑心如止水。而在运河边卖甜酒酿的大伯,则会先跟顾客确定是否开车来的桥西,若是开车来者,他会提醒开车不要吃甜酒酿,喜欢就回到家再吃,否则就不卖。

徜徉在桥西,无论是在拱宸桥头还是街区里的亭廊间,端着保温杯喝茶谈天或下棋的居民,便是大运河的一道市井风景。

桥东运河广场,也有气质迥异的日常。

早晨的热闹有一种修行的味道,每一个晨练的人,或摄影者,或路人,都仿佛在与自己对话。夜晚的热闹因为广场舞而显得更为壮丽,那是人与人、人与人群、人群与人群的对话。而中午的运河广场则显得闲散,有一种偷得浮生半日闲的气息在空气中回旋。

于是,世界文化遗产、居民、游客、陌生人与熟人社会共享着一条河。

2016年,大先生与拱宸桥的故事被刻画在桥西同和里的围墙上。

新的生活,找到一条新路,鲁迅的梦想,也是大运河的今天和明天。

陈志坚

走过白居易走过的路

身在杭州，自然是不能辜负天堂般的美景，总是时时流连；学历史的我，自然也在杭州处处感受到历史的气息。虽然大多数时候，这样的痕迹也已经消散在时光的流逝中了，但这并不妨碍我对着空气来想象当年那些徜徉在西湖边的风流身影。这些背影中，最伟岸者，无疑当有白居易。

白居易的杭州，在他的诗文中。凭借着文字，他的诗中杭州也因此比任何现实遗迹更永恒地得以留存。相比于凭空想象，杭州人的优势在于，能一一按诗索景。能做到这一点，其实还特别有赖于白居易诗作的一大艺术特色：白描。他的诗更像是一幅幅杭州和西湖的素描画卷，而非朦胧画，更不是抽象画。这一特点，可以让我们有机会套用陈寅恪"诗史互证"的经典方法，在这里不妨也来个"诗景互证"。让我们背着白居易的诗，去西湖边的一角，走一走白居易曾经走过的路，看一看白居易曾经看过的风景。

最爱湖东行不足

我带朋友游西湖，第一站经常选六公园，因为六公园是离我家最近的西湖一角。六公园位于西湖的东北角，也是环西湖一圈中地势最低的地方，西湖水从这里的圣塘闸源源不断地流出，进入古新河，一路往北，最后流入京杭大运河。我家刚好就位于古新河的北端，勉强可算是住在西湖尾了，至少是天天能看到西湖水从身边流过。

选六公园作为游西湖第一站，还有一个原因——六公园内有不少白居易的痕迹，作为西湖的"发现者"，从这里开始西湖之旅，再合适不过了。

六公园里，与白居易有关的第一个重要景点就是圣塘闸。圣塘闸的上方建了一个亭——圣塘闸亭，在亭东北向的白墙上，整整一墙，抄录了一篇白居易写给杭州百姓的大文章——《钱塘湖石记》。

我每次至此，必定驻足，大声诵读，且读且解。每当我读到此文最后，

圣塘闸亭　（陈志坚摄）

总是会被白居易对杭州人民的拳拳之心打动——"予在郡三年，仍岁逢旱，湖之利害，尽究其由。恐来者要知，故书于石。欲读者易晓，故不文其言"。白居易不仅对西湖做了极为重要的改造，而且还将西湖的"使用说明"一一告知后来者，不仅告知后来的治杭者，更要向普通百姓广而告之。大文豪丝毫没有卖弄炫技——越朴素的文字，越体现出人性的光辉。

最后但并非最不重要的一点是，以六公园作为走读白居易的第一站，不仅因为圣塘闸亭的《钱塘湖石记》这篇宏文，更因为这里是白居易最喜欢游玩的地方！这恐怕是连许多杭州本地人都不甚了了的小秘密，而这个秘密其实就藏在这篇《钱塘湖石记》中。

白居易爱杭州，最爱的是西湖。

那么，如果追问一句：白居易最喜欢西湖何处呢？也许会有多种意见，但大多数人恐怕还是会认可白居易最喜欢的是湖东，是白沙堤。最有力的证据，自然是白居易笔下最精彩的一首西湖诗《钱塘湖春行》中"最爱湖东行不足，绿杨阴里白沙堤"一句。

问题是，现在的西湖并没有白沙堤，只有白堤。白堤就是白沙堤吗？几乎所有对该诗句的注解，包括中学语文教材，都会告诉你：是的。但是我想说：这是一个美丽的误读。

首先，方位不对。由诗句可知，白居易最喜欢的白沙堤，明确是在湖东——西湖之东。而众所周知，白堤是在湖中，也可以说在"湖北"，而绝不能称在湖东。要搞清楚这个问题，关键是要明白一点：白堤和白沙堤，是两条堤，并不相干。

绿杨阴里白沙堤

先说白沙堤。白沙堤最重要的标志是湖东。白沙堤之所以会在湖东，是因为白沙堤就是西湖的东岸堤坝。其位置大概就是今湖滨路、南山路及环城西路一线。

白沙堤，可以说正是白居易为西湖建设做出的第一伟业。《钱塘湖石记》记载得非常清楚："修筑湖堤，高加数尺。"即修筑了一道湖边的堤坝，比原有的湖岸高了数尺。如果说原来的西湖是一个自然湖泊，因为整个东岸都建了高达数尺的堤坝，实际上西湖因此也就从自然湖泊变成了人工湖，也就是水库。《新唐书·白居易传》中提到"（白居易）为杭州刺史，始筑堤捍钱塘湖，钟泄其水，溉田千顷"。一个"始"字，说明白居易乃第一个筑堤的人；而"钟泄"，是指蓄洪、放水两个方面，正是指西湖发挥了水库的基本功能。明白了此点，就很容易理解为什么白居易会说"唯留一湖水，与汝救凶年"了。如果西湖就是天然湖，湖水就与白居易无关；西湖经白居易的建设而大大增加了蓄水量，故西湖是白居易杭州任上的第一大功绩，也是他留给杭州人民最宝贵的财富。

白居易还有诗句写到"北郭沙堤尾，西湖石岸头"。"北郭沙堤尾"说的正是白沙堤的北段，因为"北郭"指的就是在宝石山东麓的钱塘县，也就是钱塘门外这一段；"西湖石岸头"，所指当是石函桥这一段，也即北山街东段。按这样的理解，则"北郭沙堤尾，西湖石岸头"，正是圣塘闸路（这个路名已取消，即今湖滨路的北段）一带。由此可知，在追忆中，白居易念念不忘的，依然是他最爱的湖东白沙堤。

顺便提一句，白居易诗中的"沙堤"，并不都是指西湖东岸的白沙堤，有时候也指钱塘江边的堤岸，当仔细区别。

白居易所筑的白沙堤，本来当如卧龙一般高出地面一截。但随着时间的流逝，城市的地面逐步增高，堤坝之高差也就逐步缩小，乃至消亡，白沙堤也就与平地融为一体了，正如今日所见西湖岸边之情形，那么，白沙堤也就毫无痕迹可寻了。这恐怕也是后人长期对白沙堤不得而知的一个重要原因吧。

很可能正是到了明代后期，白沙堤的痕迹终于彻底消失"不见"了。但白居易笔下的"白沙堤"总需要有个去处吧，于是，从明代后期开始，白沙堤终于从湖东转移到了湖北的孤山路这里，成了白堤。

谁开湖寺西南路

那就让我们去白堤走走。从圣塘闸往北几步，转过西湖东北角，就来到北山街的东段。

再往前走一段路，就来到了保俶路南端，这附近就是石涵闸所在，此闸为李泌所开，在《钱塘湖石记》中屡次被提及。

再往前百米左右，就到了大名鼎鼎的断桥。断桥之得名，解释可谓是五花八门，但唐诗中就有张祜诗句"断桥荒藓涩"。白居易生活的时候，此桥早已存在，连通着北山街和白堤。

站在北山街上望白堤，白堤从断桥开始，往西南方向，一路连到孤山东。白居易笔下并没有出现断桥之名，但白居易不仅用很美的诗句描绘它，如"谁开湖寺西南路，草绿裙腰一道斜"，而且还特地加了注解，留下了唐代白堤的名字："孤山寺路，在湖洲中，草绿时望如裙腰。"白堤在唐代叫"孤山寺路"而不叫白沙堤，这是明证。

从景观来看，白沙堤、白堤这两堤也是有较大差异的。"浅草才能没马蹄"此句，描述的正是绿草如茵的孤山寺路（白堤），正可与白诗"草绿裙腰一道斜"相互印证。还有一首《晚兴》中有诗句"草浅马翩翩"，当也是描写孤山寺路的。若是在白沙堤，所入目的是"绿杨阴里"，恐怕多成荫的杨柳而少芳草萋萋吧。

白诗里的"湖寺"，就是孤山寺，位于孤山西部今西泠印社一带。所以，通往"湖寺"的"西南路"即"孤山寺路"，显然就是今白堤。顺便说一下，"湖寺西南路"一语，有学者将其读作"湖寺的西南路"，于是解释为一条位于孤山的西南方向的堤，可谓南辕北辙。其实"湖寺西南路"应该理解为经"西南路"通往"湖寺"。此"西南"，乃白居易站在岸上遥望白堤的走向也。

从白诗可证唐代的白堤叫孤山寺路。宋代的白堤也基本上都叫"孤山路"，宋代的文献如《临安三志》《梦粱录》等，以及众多宋人诗文中，多见"孤山路"之名（也有称"断桥堤"），而未见"白堤"之称。孤山路，显然是从唐代"孤山寺路"之名沿袭下来的。

元代文献中也多见"孤山路"之称，比如元人王冕、姚燧等诗中多见此称；甚至《水浒传》第95回提到杭州西湖时，也将孤山路与苏堤并称。

明代文献中也常见"孤山路"，如明后期田汝成的《西湖游览志》中未见"白堤"之名，冯梦龙的《警世通言》中也称"孤山路"。（明代孙隆修整过白堤，于是又美称其为"十锦塘"，但未能沿用。）总之，唐、宋、元以来，孤山路是今白堤最常见的名称，而"白堤"的流行则很迟了。

在早期文献中所见的"白堤"之称，其实多指苏州的白公堤，是白居易在苏州刺史任上所修，从苏州阊门至虎丘，即今天的山塘街。实际上这真的就导致很多人张冠李戴，将苏州的白公堤误认为杭州的白堤（如明代王穉登的《重修白公堤疏》就常被人误解是写西湖白堤之作）。

直到明代，将西湖的白堤称为"白堤"的情况渐渐多起来，如明代李流芳的诗《同西生上人泛舟两堤题画》："不向苏堤即白堤，轻舠随意六桥西。秋林欲画无人爱，邀得山僧共品题。"将苏堤、白堤并称。苏白并称，堪称完美。

白堤之称，确实很可能就是杭州人为了追念白居易而改的名称。但是，"白堤"绝不是"白沙堤"的省略。将"白堤"解释为"白沙堤"的省称，可能始于清代翟灏、翟瀚合著的《湖山便览》一书，其中"白沙堤"一条叙述：

> 白沙堤。在孤山下。潜氏《临安志》引旧志云：不知所从始。自断桥迤逦至西泠桥，径三里余。唐称白沙堤，宋称孤山路，今俗谓之白公堤。据白乐天诗"谁开湖寺西南路，草绿裙腰一道斜"，曰"谁开"，则非白公自开明甚。唐人或去白字，单称沙堤，乐天诗"十里沙堤明月中"是也。近人或去沙字，单称白堤，不考者因与乐天姓合，遂误为白公堤。

此说广为人知，实则是一笔糊涂账。这里除白堤外，还出现了一个新的名称"白公堤"。翟氏认为，白堤即白沙堤，而白公堤是白居易所筑新堤。翟氏这一见解可能来自《西湖志》。

在清代人编著的《西湖志》中，除白堤外，明确提出有一条白公堤，并下注解说："按此堤当名白公堤，实白公所筑，与白沙堤绝不相涉。"存在两条堤的认识，是对的；白堤非白居易所修筑，也是对的。白居易诗句"谁开湖寺西南路"，就明示了白堤和他无关。

《西湖志》对白公堤的位置认定却大有问题。《西湖志》描述的白公堤的走向是"钱塘门外石函桥北至余杭门"一线。石函桥在今保俶路南端，而余杭门则在今武林小广场，所以这条白公堤大约是沿着今古新河一线。现在学界基本上认为，白居易在《钱塘湖石记》中提到的湖堤，乃这条白公堤。若按此说，则白居易所筑之堤乃下湖（西湖北边的一个湖，今已无）之堤岸，而与西湖无关，这显然并不符合《钱塘湖石记》中的描述。事实上，《西湖志》所描述的白公堤，确实是白居易所筑白沙堤的一部分，但是白沙堤的主体还是今西湖东岸的部分，《西湖志》的说法是喧宾夺主，误导至今，很不妥当。

总之，白居易时，西湖有两条堤，一条是"孤山寺路"，即白堤；一条是"白沙堤"，后人或称"白公堤"。白堤虽然不是白居易所筑，但毫无疑问，用白堤来纪念白居易，是杭州人最好的方式——杭州人通过这样的方式，把白居易永远留在了西湖最美的地方。

蓬莱宫在海中央

杭州之魂聚于西湖，西湖之魂粹于孤山。正如白诗所描绘的"月点波心一颗珠"，孤山乃西湖美景皇冠上的明珠。显然白居易也是这么认为的，因为他时时流连此地，白诗笔下孤山的身影也就出现得特别多。

从白堤踏上孤山，就是西湖十景之一"平湖秋月"。这个位置为全湖之中心，堪称"湖心"。我一直怀疑白诗"孤山寺北贾亭西"中的"贾亭"就位于此。贾亭又称"贾公亭"，《唐语林》卷六载："贞元中，贾全为杭州（刺史），于西湖造亭，为贾公亭，未五六十年废。"此亭因为久废而少有记载。贾亭位置何在，恐怕难有确证。

如果仔细揣摩白诗此句，可知其所描述的是孤山全景：孤山寺在孤山之西端，而贾亭则在孤山之东头，从孤山寺到贾亭，再到"浅草才能没马蹄"的孤山路，再到"绿杨阴里白沙堤"，正是一条由西向东的春行绝佳路线。

白诗中另有一首《湖亭晚归》：

> 尽日湖亭卧，心闲事亦稀。
> 起因残醉醒，坐待晚凉归。
> 松雨飘藤帽，江风透葛衣。
> 柳堤行不厌，沙软絮霏霏。

此"湖亭"不知所指，白居易尽日流连在此，或有可能就是贾亭。后来苏东坡在杭，也很喜欢尽日流连湖上，每每夜归，正是得了白居易西湖风流之传承。

走到此处，有一个地方，每个游西湖的人绝对不应该错过。在平湖秋月景点的北面，掩映在树林中，有一座纪念白居易的祠堂，即"白祠"（此地还有一个别名：白居易纪念馆）。说是白祠，招牌挂的却是"白苏二公祠"——杭州人干脆把最敬爱的两位老市长（白居易是唐代杭州刺史，苏东坡是宋代杭州知州，都是杭州的长官）放在一起敬拜了。站在门前，看到"白苏"二字并悬，双子星座，前后辉映，感激之情油然而生：西湖何幸，杭州何幸，得此两大文曲星下临！

白居易对孤山的关注,大部分落在了孤山寺。《钱塘湖春行》的第一个地点就是孤山寺,可见是心头之爱。白居易在杭州刺史任上,除了民生工程"白沙堤"之外,文化工程很少,基本就集中在孤山寺了,一是法华经石刻,一是竹阁。

白苏二公祠,又名白居易纪念馆　　(陈志坚摄)

杭州弥陀寺的摩崖石经　　（陈志坚提供）

孤山寺大名是永福寺，始建于南朝陈天嘉元年（560年），当时已是一座约有260年的古寺了。法华经石刻是前任刺史严休复开始动工的，大约工程较大，迟迟未能完工，白居易继续捐钱，在唐长庆四年（824年）时得以竣工。据后来元稹所撰《孤山永福寺石壁法华经记》，这部《法华经》应该是刻在山岩上的，整个石壁经文，高6尺多，长57尺多，合约2米高、19米长，规模颇大，其景大约与今杭州弥陀寺的大幅石经相仿佛（整面石刻高约5米、长24米）。

白居易建的第二个小工程是在孤山寺修了一座竹阁。白居易在《冷泉亭

今西泠印社内的竹阁　　（陈志坚摄）

记》中列举了前任刺史所建的五座亭,然后说"五亭相望,如指之列。可谓佳境殚矣,能事毕矣。后来者虽有敏心巧目,无所加焉。故吾继之,述而不作"。可见,白居易并不热衷于建一座"白字款"的标志性建筑。这座竹阁当仅是附属孤山寺的小型建筑,并不是独立景观,也很可能是白居易在此修行的"道场"。白居易特地写过一首《宿竹阁》:

晚坐松檐下,宵眠竹阁间。

清虚当服药,幽独抵归山。

巧未能胜拙,忙应不及闲。

无劳别修道，即此是玄关。

白居易还写过《孤山寺遇雨》，提到"或拟湖中宿，留船在寺门"，其他还有"暮宿波上岛"之句。可以想见，白居易经常宿于湖中，下榻之处想必就是竹阁。

因为白居易的竹阁，永福寺在南宋迁往北岸山脚时，曾被称为"竹阁寺"；到明代，竹阁重建，并用以祭祀白居易，算是西湖上第一座"白祠"了；到晚清，西泠印社成立时，西泠诸公在社内又恢复了竹阁，用以追忆白公。

今天步行到西泠印社门前，请一定跨步而入，往左一望，竹阁就在眼前。从某种意义上说，西湖孤山的竹阁，乃白居易在杭州有迹可循的第一圣地，值得驻足一观。

《钱塘湖春行》中有句"乱花渐欲迷人眼"，恐怕描绘的也是孤山之春景。有诗为证，白居易的《题孤山寺山石榴花示诸僧众》："山榴花似结红巾，容艳新妍占断春。"山石榴即是杜鹃花，春来满山，红艳夺目，是今天孤山所不见的美景。

说到花。孤山最有名的是梅花。孤山梅花自然是林和靖的，但首先是白居易的，且看白居易笔下的梅花。《忆杭州梅花因叙旧游寄萧协律》："三年闲闷在余杭，曾为梅花醉几场。伍相庙边繁似雪，孤山园里丽如妆。"白居易的孤山梅花，在"疏影横斜水清浅"之外展现了灿烂热烈的一面。唐宋诗人对梅花的两种不同观感，似乎正暗合了唐宋文化的不同韵味。诗为时代之花，是深深扎根于时代的，于此可证。

白诗中，专为孤山和孤山寺而写的经典之作，第一要数《西湖晚归回望孤山寺赠诸客》(后文简称《回望孤山寺》)：

> 柳湖松岛莲花寺，晚动归桡出道场。
> 卢橘子低山雨重，栟榈叶战水风凉。
> 烟波澹荡摇空碧，楼殿参差倚夕阳。
> 到岸请君回首望，蓬莱宫在海中央。

此诗堪与《钱塘湖春行》媲美，正可对比来欣赏。前诗是骑马，本诗是乘船；前诗写的是春景，本诗则描绘了初夏骤雨初歇的孤山景色。

《钱塘湖春行》的视角是动态的，从孤山寺开始，一路骑马，一直漫步到湖东白沙堤，从西到东，走了一个"7"字形。而《回望孤山寺》则是从孤山直接乘船到西湖东岸，走的是直线，着重强调"回望"的瞬间。如果说《钱塘湖春行》是一个动态的长镜头，《回望孤山寺》则是一个长焦的特写：立足在湖岸，所以镜头中首先是堤柳，然后是孤山的苍翠松树，最后是孤山前湖面上的一片荷花。一个特写镜头中，又有远近高下之别，如在目前，堪称妙笔。

当然，《回望孤山寺》诗的核心并不在孤山，而在孤山寺。"烟波澹荡"是绝美的背景，烘托出焦点中的"楼殿参差"，所以，诗眼正是"蓬莱宫"而不是"蓬莱"了。

这一刻，回首眺望彼岸的白居易，也许有那么一丝对天上宫阙的向往，但他深知，他所立足的此岸，才是他真正要面对的人间烟火。

一半勾留是此湖

立于西湖岸边的白居易，大概并不会想到，他身后的这片土地上正发生着沧海桑田的变化：从人烟稀少到闹市繁华。这个过程其实并不需要太长久的时间，就在白居易离开杭州70年后，杭州的新主人——立都杭州的吴越国国王钱镠，在《建广润龙王庙碑》中感慨道："旧日湖堤，尽改为城宇。"

这个"湖堤"，就是白居易所筑的西湖东岸的白沙堤（白公堤）。白居易筑堤之时，堤的东部——今天沿延安路一带最繁华的闹市区，却是人烟稀少之地。这一点恐怕很难让人相信，不过我们有一个最佳证人——苏东坡。苏轼在《钱塘六井记》中叙述了杭州简史："潮水避钱塘而东击西陵，所从来远矣。沮洳斥卤，化为桑麻之区，而久乃为城邑聚落，凡今（杭）州之平陆，皆江之故地。其水苦恶，惟负山凿井，乃得甘泉，而所及不广。"显然，杭州城区经历了"三部曲"：从盐碱荒地到桑麻之区，再到城邑聚落。

事实上，杭州作为人间天堂，并不是从一开始就具备天然优势的，相反，杭州此地早期曾是环境恶劣之地。因为杭州位处钱塘江口，经常会受到海潮奔冲，导致地下水咸苦，并不适宜人类居住，所以，人们只好住在西湖南北有山泉的山麓地带。这导致杭州城区形成了两大块，北方宝石山麓是钱塘县城，而凤凰山脚下则是杭州州城——一个类似于欧洲城堡的小城。正如白居易在《余杭形胜》中描述的杭州地理格局："州傍青山县枕湖。"这句诗的意思是：州城倚靠着青山，而县城则依枕着西湖——非常形象地"演绎"了杭州的一出"双城记"。

可以看到，在唐代，杭州的州城、县城中间并没有如今天的杭州一样的主城区面貌。

第一个试图改变这一面貌的人是杭州刺史李泌，他正是《长安十二时辰》中的那个主角。他开创了"六井"，说是井，其实更类似于一个自来水系统，是通过引水管道，将西湖的水引到西湖东部，六井其实是六个出水口。

白居易则是继之而起的第二人，也是第一个详细记载六井的人。他在《钱塘湖石记》中说："湖底高，井管低。……其郭中六井，李泌相公典郡日所作，甚利于人，与湖相通，中有阴窦，往往堙塞，亦宜数察而通理之。则虽大旱而井水常足。"可知，白居易对已经堙塞的六井进行了疏通，使其重新发挥作用。

今存相国井　　（陈志坚摄）

更加重要的是，白居易为西湖筑堤后，西湖蓄水量大增，使得西湖以东一带居民用水有了充足的水源保障。

六井的具体位置，苏轼的《钱塘六井记》有清楚的叙述："始长源六井，其最大者，在清湖中，为相国井，其西为西井，少西而北为金牛池，又北而西附城为方井，为白龟池，又北而东至钱塘县治之南为小方井。而金牛之废久矣。"

再结合南宋潜说友主修的《咸淳临安志》记载，有学者曾对六井的位置做了考证：

相国井，是唯一保留到今天的六井遗物，就在今解放路和浣纱路交叉口处；

西井，在今天的吴山路与邮电路交接处附近；

金牛池，位置在今天的吴山路与群英路交接处附近；

方井，在金牛池之北而西，在今之平海路与延安路交接处附近；

白龟池，在方井之西北，当在今之龙翔桥以西不远处；

小方井，位置在今小车桥附近。

从地图上看，六井都分布在西湖和浣纱路（古代是清湖河）之间，可惜，除了相国井之外，其他的现在都找不到痕迹了。也可以认为，六井系统在完成历史使命后，也退出了历史舞台吧。

不过，白居易对杭州的历史功绩却不断被人提起。如李商隐在《刑部尚书致仕赠尚书右仆射太原白公墓碑铭》中称赞白居易"发故邺侯泌五井，淳储甘清，以变饮食"。《新唐书·白居易传》也称他"复浚李泌六井，民赖其汲"。

六井的巨大意义，作为六井事业继承者的苏轼自然是认识得最真切的，他在《杭州乞度牒开西湖状》中说："杭之为州，本江海故地，水泉咸苦，居民零落。自唐李泌始引湖水作六井，然后民足于水，井邑日富，百万生聚，待此而后食。"指出六井对于杭州人民的重要意义，在于扩大了居住范围。事实上，引西湖水作为生活用水，在杭州历史上长期存在。从苏东坡的奏议中可以看到，至少北宋时杭州居民用水还严重依赖西湖。而从《咸淳临安志》及考古发掘（先后在西湖东岸的两个地方发现了南宋地下引水渠）可以看到，南宋时依然没有摆脱对六井系统的依赖。这些都证明了一个事实，那就是六井系统的开辟，对于杭州的发展来说，具有举足轻重的意义。

有趣的是，李泌之后，西湖以西地区的人口日渐增加，40多年之后，白居易来到杭州时，生活在西湖东岸的老百姓已经开始将西边的钱塘湖称为"西湖"，而白居易不仅接受了"西湖"的称呼，并且第一次记录了"西湖"这一名称。如诗题中有《西湖晚归》《西湖留别》，诗句中有"何如尽日醉西湖""与报西湖风月知""西湖石岸头"等等。这固然有一定的巧合，不过也确实可以让我们意识到白居易与杭州、西湖的历史有着怎样深刻的关联。杭州历史上铭刻得最深的名字中，必须有"白居易"。

实际上，杭州人一刻也没有忘记他。在离当年六井之一的小方井并不太远的湖边，就有一组《惜别白公》现代雕塑。

这组雕塑位于一块刻着"杭州西湖"的太湖石边，似乎在说，这首先是白公惜别西湖，即白居易诗"未能抛得杭州去，一半勾留是此湖"的留恋，还有"唯留一湖水，与汝救凶年"的宽慰。

当然，这组雕塑更多的是诉说杭州人民对白居易的不舍。当年的杭州人不舍白居易离任，现在的杭州人也十分愿意把白居易塑在西湖边，让他在最爱的白沙堤上，在他自己诗中提到的"处处回头尽堪恋，就中难别是湖边"，守着这"一湖水"。

如果一定要在整个杭州城市发展史中给白居易的功劳定个位，我们或者可以这么说：杭州有两个时代，白居易之前，杭州是"山的时代"；白居易之后，杭州是"湖的时代"——白居易，是杭州历史的那个转折点。

种下了"天堂"种子的那个人

"上有天堂，下有苏杭"是杭州千年来最佳广告词。虽然白居易并不是这句话的作者，但是可以说白居易为中国人种下了这句话的种子。

"天堂"谚语的内涵有二：一是谚语说的不仅是苏杭，而且是整个江南，所以应该是"上有天堂，下有江南"，江南在中国古代历史后半期的地位是谚语流行的底气所在，是认同的基础；二是在整个江南中，苏、杭是最佳代表——美丽、富饶的典型城市。

江南诸多城市中，杭州在唐代可谓突飞猛进，原因有很多：如杭州在隋朝立州；如大运河开通，以杭州为端点；如杭州作为新型的工商业城市，城市人口占比大，城市经济发达，城居规模不断扩大……比白居易更早的李华在《杭州刺史厅壁记》中赞叹道："咽喉吴越，势雄江海……骈樯二十里，开肆三万室。"所以世家子弟杜牧也一心谋求杭州刺史一职，为此特地写了《上宰相求杭州启》，堪称"用脚投票"。

苏州是东南地区唯一的雄州（雄州在唐后期全国只有十个，相当于今天的一线城市）。白居易《苏州刺史谢上表》说："当今国用多出江南，江南诸州，苏最为大，兵数不少，税额至多。"唐代的苏州，俨然江南的老大。那么，属于后起之秀的杭州，为什么能超过南京、绍兴、镇江（润州）这些中心城市，最终脱颖而出，与苏州组成了一对并称的城市呢？第一推手自然要数白居易。

白居易著名的《忆江南》是一个系列，写了三首：

江南好，风景旧曾谙。日出江花红胜火，春来江水绿如蓝。能不忆江南？

江南忆，最忆是杭州。山寺月中寻桂子，郡亭枕上看潮头。何日更重游？

江南忆，其次忆吴宫。吴酒一杯春竹叶，吴娃双舞醉芙蓉。早晚复相逢？

分别咏的是江南、杭州、苏州。显然，白居易词已经将苏杭二州当作江南的代表来称颂。这与白居易曾任杭、苏二州刺史密切有关。

曾先后担任二州刺史的白居易，常将苏杭并称，甚至自称"苏杭两州主"。他对苏杭二州真可谓是念念不忘，曾在诗中写道："江南名郡数苏杭，写在殷家三十章。君是旅人犹苦忆，我为刺史更难忘。境牵吟咏真诗国，兴入笙歌好醉乡。为念旧游终一去，扁舟直拟到沧浪。"还有"苏杭自昔称名郡，牧守当今当好官"等等。

对于苏州，白居易的贡献属于锦上添花。而白居易对杭州的品题和广告，可算得上是让杭州脱胎换骨，真正名扬四海。就说西湖吧，在白居易之前，诗人提到杭州，基本集中在两个对象上，一是灵隐天竺，二是钱塘大潮。西湖则默默无闻，可谓是"养在深闺人未识"。而白居易之后呢，可以说，西子湖几乎使得"六宫粉黛无颜色"。

"上有天堂，下有苏杭"的根扎在唐代，唐后期是该谚语形成的萌芽期，而白居易恰逢其时地将"苏杭"打包成了一对，并进行了包装推广，因此我们不妨说，正是白居易给"天堂"谚语埋下了一颗种子。白居易不仅种下了种子，还给种子施了肥，浇了水：白居易对杭州、西湖作了实实在在的贡献——筑长堤、修六井……

伴随着白居易的诗句，我们走过了这么多的路，其实都只是徘徊在西湖东北的一角，而这一角，恐怕也只是白居易笔下杭州的冰山一角，但也足以看出白居易对杭州的巨大影响了。

当我们终于停下脚步，静静地站在西湖边时，可以看到眼前有如织的游人，有醉人的美景，这时大概会深切地感受到：白居易当年种下的种子，已经长成了一株如此枝繁叶茂的大树。也许可以在树下做一个最美的梦，梦中如果遇到白居易，我们当可以告慰他一句：千年之后的杭州，风月宛然，湖山依旧！

苏东坡的西湖一日游

楼郇捷

1090年的三月初二一早，55岁的东坡同学，带着三位好友，从办公地出发，来了个西湖一日游。此行目的地是韬光寺，他们去那里寻访宋之问所说的"楼观沧海日，门对浙江潮"的景色。

这是苏东坡第二次为官杭州。第一次还是19年前，他任杭州通判（相当于现在的副市长），当时东坡36岁，意气风发，挥斥方遒。在杭州为官三年多，生子苏过，娶妾朝云，作诗《饮湖上初晴后雨》；这一次调任知州（相当于现在的市长），他已年过半百，"乌台诗案"的苦难让他脱胎换骨，谪贬黄州，写作《赤壁赋》，生命已经丰富通透，有幸再来这湖山胜地，实在是难得的惬意时光。

达则勤政为民，蹇则诗词歌赋。了解民瘼，一定得走入烟火人间。闲暇时，苏东坡会带一两随从，从涌金门下船，泛舟到孤山普安寺，在那里吃个午饭，再到附近一带走访，有时还带上文书公案，到冷泉亭据案判决，兴至神来，落笔如风，谈笑而办。

1090年正月过后，好友王瑜、张璹等常来相聚，茶三酒四，春光正好，连日来，东坡与好友搞了几次半日游。比如二月二十六这日，与王瑜、张璹访问孤山清顺、道潜两位高僧，登上垂云亭，饮了参寥泉（道潜和尚号参寥子，故东坡将其居所智果寺内的泉水命名为参寥泉。参寥是《庄子》中的人名，意谓虚空高远）。傍晚，大家一起到唐州朋友陈使君那里喝个小酒。东坡还步王瑜韵，写诗一首，记录此事。

不过这样的踏青实在轻松惬意，看到的都是悠闲好景。好友们商量，要来一次带点儿强度的毅行，更重要的是，通过这次远足，要深入了解杭城的烟火百态。

四天后，三月初二，他们出发了。

旅游小队共四人，其余三人是：

王瑜，字忠玉，河北真定（现正定）人，时任江南东路提点刑狱（相当于法官兼检察官）；

杨杰，字次公，号无为子，安徽无为人，时任两浙提点刑狱，著名山水诗人，著有《无为集》；

张璹，字全翁，湖北安陆人，是时闲居杭州，后由京东转运使改任通判太平州，69岁时于京东提刑任致仕。

后勤保障由东坡安排书童、茶童负责，碰到风景好的地方，一落脚，茶摊就会摆起来，一高兴，留下题记，招呼刻工，"到此一留"也就刻了下来。

远足分三段：第一段，城区踏勘，了解州衙附近百姓生活；第二段，西湖调研，掌握湖面淤积情况；第三段，北山寻访，看看农村真实日常，最后上韬光寺远眺杭城全景，次日观沧海日出。当日一早，小分队从杭州州治（后为南宋皇城，现凤凰山东麓馒头山社区）出发，先到龙华山下的龙华寺（现八卦田对面将台山停车场），翻过慈云岭，转到方家峪，过长桥、净慈寺。走第二段，沿赤山埠，渡慧因涧，越大麦岭，然后到茅家埠翻胭脂小岭。第三段是转九里松，跨合涧桥，过灵隐寺，登韬光径，抵达终点站韬光寺。

韬光径是韬光寺前最后一个歇脚点。此行，四人在三个地方留下石刻：龙华寺题字——苏轼、王瑜、杨杰、张璹同游龙华，元祐五年（1090年）岁次庚午三月二日题；大麦岭题字——苏轼、王瑜、杨杰、张璹同游天竺，过麦岭；韬光寺题字——苏轼、张璹、杨杰、王瑜，元祐五年三月二日同游韬光。

三台山路侧有个字龛，高43厘米，宽38厘米。摩崖楷书竖行，共4行，10字，字径7厘米。风化严重，肉眼几已不可辨识，题刻写的是"苏轼、王瑜、杨杰、张璹，同游天竺，过麦岭"。除了麦岭上的这一处，东坡的其他几处题刻没有留存下来。不过，这些题字在阮元的《两浙金石志》里都有记载。所以说，麦岭上的题记，是杭州现存唯一可信的苏东坡题记原物，相当珍贵。

时间过去了千年,杭州的道路和地形都发生了巨大变化,州治和龙华寺等俱已不存,根据现在交通略作调整后,东坡西湖一日游的线路可分12站:

始发站:梵天寺经幢。位于馒头山社区梵天寺路终端,经幢为一对,南北对峙,为吴越国国王钱弘俶所建,高15.76米,两幢皆刻"建幢记",是吴

梵天寺经幢 (魏祝挺摄)

圣果寺造像　（魏祝挺摄）

越建筑艺术与雕塑艺术结合的瑰宝。

　　第二站：圣果寺遗址与摩崖。由梵天寺路转宋城路，沿南宋皇城城墙遗址线登山，山势平缓，鸟语花香，遗址在半山腰。圣果寺建于唐乾宁间，吴越时期镌"西方三圣"于石壁上，另还有北宋十八罗汉造像及宋高宗"忠实"题刻等。

　　第三站：继续上山即至月岩。月岩是与三潭印月、平湖秋月齐名的杭城三大赏月胜地。石壁削立，有孔隙如镜，中秋明月当空，月光穿孔，清辉满隙。岩壁上刻有"高大光明""光影中天""无影相""垂莲石"和不少题咏。再往上走，至山顶平坡，有四顾坪、排衙石诗刻、介亭、鹿池等古迹，此处为将台山，"左江右湖，千里在目"，可同时欣赏钱塘江和西湖美景。

排衙石　（魏祝挺摄）

月岩　（魏祝挺摄）

慈云岭造像　（魏祝挺摄）

　　第四站：慈云岭。从将台山下山，至三岔路口，欲看慈云岭造像，需走一段回头路。造像为吴越王钱弘俶建资贤寺时所雕凿。现寺已不存，岩壁造像保存完好，有大小两龛。慈云岭造像是全国重点文物保护单位，后人补的头像有点儿"萌萌哒"。

　　第五站：长桥。从玉皇山下，过中国丝绸博物馆前行，就到了长桥。"孤山不孤，断桥不断，长桥不长"被誉为西湖三绝。长桥与断桥一样，都是情人桥。

　　第六站：净慈寺。从长桥沿南山路步行 500 米即是净慈寺。净慈寺为吴越国国王钱弘俶为高僧永明禅师修建，原名永明禅院。后来，钱弘俶听从禅师遗嘱，"上表入宋，尽献十三州之地"。南屏晚钟是净慈寺胜景，此处也是观赏雷峰塔的极佳之地。

第七站：赤山埠。由净慈寺前行，过苏堤、太子湾、杨公堤，转入三台山路，即到赤山埠。赤山埠因邻近赤山而得名，赤山在修苏堤时因取土被挖平，现附近有浴鹄湾、武状元坊等景点。

第八站：慧因高丽寺。沿三台山路继续前行1000米，至慧因高丽寺。慧因寺始建于927年，后因年久失修，毁于大雨，2007年参照《古高丽寺图》重建，2010年，获浙江省风景建设佳作奖。现与俞曲园墓、陈夔龙墓、于谦祠等古迹相邻。

开建苏堤时，工匠们取赤山之土筑湖堤，遭到慧因寺僧人强烈反对，认为破坏了寺院的风水。苏东坡赶到寺里做工作：筑堤之事不能耽误，如果寺院因风水坏了有灾祸，那么我死后就来寺里做护法伽蓝。一席话化解了纠纷。前些年花家山挖到了一尊宋式石雕，专家们推测与东坡有关，故于慧因寺中供奉这尊护法伽蓝石像。

第九站：大麦岭（现浙江宾馆东）。麦岭在三台山东北，丁家山西面，岭上种有很多麦子，故名。《西湖竹枝词》说："麦岭风吹小麦花，古藤乔木路三叉。"苏堤筑成前，从西湖的南山去往北山，最便捷的通道只有麦岭。杭州城里的百姓要去灵隐、上天竺，也是先到西湖坐船，到湖西的赤山埠、茅家埠，泊舟上岸，取道麦岭。所以当年的麦岭是车马熙攘的烧香之路。如今，岭路已拓宽成通车大道，北接龙井路，南连三台山路。

第十站：九里松。从麦岭走半小时约2000米，转入灵隐路，就是前往灵隐的九里松了。九里松成景于唐代，唐玄宗开元十三年（725年）袁仁敬任杭州刺史，政务之暇，爱去灵隐天竺一带游览，于是命人在灵隐道植上松树，久而久之，松霭连云，成为西湖群山中的独特景观。

第十一站：灵隐寺。九里松尽头是名刹灵隐了。苏东坡为灵隐写过许多诗，"溪山处处皆可庐，最爱灵隐飞来孤""无情有意两莫测，肯向冷泉亭下相萦回"，都是其中的名句。

终点站：韬光寺。从灵隐寺走1000米山路可至韬光寺，途中经过永福寺，宋时，永福寺内多有苏东坡、秦少游等人的留题与竹画。韬光寺位于北高峰山腰，为唐代蜀地名僧韬光禅师所建。禅师辞师出游，师父嘱咐："遇天可前，逢巢则止。"这日，他游至灵隐寺西北巢枸坞，正值白居易（字乐天）任杭州刺史，心想："吾师命之矣。"遂建寺于此。

这条线路全程18千米，近25000步。1090年那时，山路迂绕，毅行小分队足足走了一天。

四人一路行来一路看："北山非自高，千仞付我足。西湖亦何有，万象生我目。云深人在坞，风静响应谷。与君皆无心，信步行看竹。"

景色虽然旖旎，可交通实在不便，生民实在多艰。所到之处，饥民遍地，偏僻之所，瘟疫流行。而西湖之淤塞荒芜，几占湖面之半，也不是他当通判时的旧模样："山高路已断，亭小膝屡促。夜寻三尺井，渴饮半瓯玉。"

傍晚时分，东坡一行终于到达韬光寺，登高远眺，恰可见之江转弯，山水苍茫，题完字，拜会了住持，明日还要起早，又是斋宿，不敢酣饮，便早早歇息了。

"长太息以掩涕兮，哀民生之多艰。"这一天的所见所闻，极大震惊了市长苏东坡，让他彻夜难眠。那一晚动人心魄的夜潮声，就这样穿过万籁俱寂的北宋夜空，跨越绵延不绝的西湖群山，传进寂寥山寺里四个过客的耳中。次日，农历三月初三上巳节，是轩辕黄帝诞辰。凌晨，小分队登上北高峰顶，欣赏到霞光万道的沧海日出。东坡对自己、对杭州有了新的认识和使命。回到城里不久，在苏东坡推动下，当月官府拨出2000缗钱，东坡自己又带头捐出50两黄金，还发动富户募捐，终于在今天的众安桥畔建成了中国最早的公立医院——安乐坊，救济无药医治的百姓。东坡边向朝廷上《杭州乞度牒开西湖状》，边准备疏浚西湖。次月28日，工程开工，取葑泥筑长堤，架六桥植杨柳。用工20余万，半年不到，一堤长卧南北，两岸百姓再不受山路之苦。间株杨柳间株桃，苏堤恰如西湖的眸子，惊艳一笔，让游人步迟。如果说，30多岁的苏东坡是用诗文勾勒了杭州的倩影，那么，50岁后的苏东坡就是躬身入局、造福一方。在这段一年半的任职时间里，东坡已很少写诗，他把全部精力投入到诊治瘟疫、疏浚河道、稳定谷价、救济饥馑中。黄州也许激发了东坡绝顶的艺术才华，但这次任职杭州，却是他事业的巅峰！"到处相逢是偶然，梦中相对各华颠。还来一醉西湖雨，不见跳珠十五年。"这是他第二任期难得写的一首诗，他想起了15年前西湖遇雨的情景。50岁后，心境不同，同样是雨，东坡眼里，看到的是生活的艰辛，再不是诗意的"跳珠"了。时光飞逝，重走东坡一日游线路，想象千年以前的烟柳画桥、华发早生，我们应该也能同样生发"相逢是偶然，同醉西湖雨"的感受吧！

"达人"郁达夫皋亭山游记

椰子

郁达夫旧照
（中共浙江省委党史和文献研究室提供）

"人间四月芳菲尽，山寺桃花始盛开。"四月天，皋亭山桃花一片，如云如霞。

皋亭山又称半山，从空中俯瞰，犹如天目山脉向着大海舒展时遗落在杭城北部的一串明珠，因此也被誉为"杭州的靠山"。

1934年3月，寓居杭州的郁达夫和友人从拱宸桥出发，暴走两个多小时到皋亭山，大快朵颐后，登高望远。一年后，他回忆这次一日游，专门写了散文《皋亭山》。

郁达夫极爱杭州："儿时曾作杭州梦，初到杭州似梦中。"到杭州安家，一直是他的梦想。

1932年11月10日晚上，他终于在杭州的一间旅舍里下决心给爱妻王映霞写了一封信："弱女子落得卖去，有一千二百元也可以了，最低不得比一千元少。这钱卖了，可以到杭州来买地皮或房子。"

就这样，郁达夫卖掉了著名小说《她是一个弱女子》的版权，决定从上海搬回杭州。

次年4月，郁达夫举家迁至杭州，在当时的浙江图书馆侧面一堆土山旁租了三间东倒西歪的旧屋，比起一楼一底的上海弄堂洋房，这里宽敞多了。在家吃点儿精致的菜，喝点儿芳醇的酒，睡睡午觉，看看闲书，就这样很快到了1934年的春天。

杭州的春天很短，天一热，马上就像到了夏天。郁达夫的身体并不好，每当气温升高，他会晚上睡不着觉，白天头昏脑涨，整天就像"醉酒"，本地人说，这叫"疰夏"。郁达夫决心抓住初春的头两个月，把身体练结实，抵御即将到来的难熬的夏天。所以，惊蛰一过，他就开启了"暴走+登山"模式，书也不读，文章也不写，每天跑路爬山，没多久，杭城周边的几座山就被爬了个遍。

杭州还有哪些地方适合暴走登山？郁达夫在家里苦思冥想。3月的一天，诗人何君一早登门拜访，何君家住临平附近，对这一带地形十分熟悉，他向郁达夫推荐，可以去绵延城北的皋亭山。

郁达夫一听，顿生兴趣，二话不说，来了一场说走就走的旅行。

何君的推荐是有道理的。皋亭山的故事始于秦、兴于唐、盛于宋，它与上塘河、龙居寺的千年之合，孕育了独特的文明：秦王在此开河，钱王在此筑寨，宋帝在此避难，乾隆在此上岸；丁兰在此事亲，白居易在此求雨，杜牧在此安息，苏东坡在此治水，文天祥在此抗论，王蒙在此隐居。唐宋以来，杭州形成了两桩风雅乐事：一桩是西湖赏月，另一桩就是皋亭观桃了。清代，皋亭之桃还成为湖墅三胜景（另二胜景是西溪之梅、河渚之芦）之一。可以说，皋亭山是杭城诸山中最古老的历史文化名山。

事先没有计划，行程没有安排，两人坐上绿皮火车，原计划到笕桥下车，

皋亭千桃园牌坊　（陈跃书摄）

京杭大运河杭州段拱宸桥　（马立群摄）

却错过了时间，只能坐到拱宸桥下。

拱宸桥始建于明崇祯四年（1631年），是杭城古桥中最高最长的石拱桥，也是京杭大运河终点的标志。《论语·为政篇》说，"为政以德，譬如北辰，居其所而众星共之"，拱宸桥之名由此而来。当时，没有高楼大厦的阻挡，站在拱宸桥上，能望见皋亭的山色。

春日上午，暖风习习，两人开启了暴走模式。向北向东，沿着上塘河，穿过桑林，跨过小桥，一路都是萧疏的野景。这年的春天来得迟，梅花还没有开尽，沿塘堤都是星星点点的野梅，让人赏心悦目。十多里的路，又曲折又高低不平，两人急走两个小时，中午时分来到皋亭山下。

这番暴走，消耗有点儿大，两人在山脚找了一家茶馆，烘着太阳，放开肚皮，先喝上两大碗土烧，又吃了十几个茶叶蛋，还捎上一大包花生米豆腐干。酒足饭饱，抹抹嘴巴，才开始登山。

时间过去近百年，皋亭山经历了大规模的改造，半山于2011年1月被批准为国家级森林公园，上山线路已有多条。郁达夫和何君当年走的路线是经半山娘娘庙至山顶，再原路返回。如今，原在半山的娘娘庙已坍塌，新庙建在山脚。

郁达夫与何君登皋亭山，大致为以下三站：

第一站：山门（现半山娘娘庙广场）。郁达夫和何君在茶馆里与村民们讨论半山娘娘的故事，又在山门前的小亭子里兴致盎然地玩了一会儿牌九。半山娘娘庙，本名撒沙夫人庙，俗称半山庙。南宋建炎年间，倪姓娘娘勇救康王，广为传颂，高宗即位，敕封"撒沙护国显应半山娘娘"，立庙塑像。现存寺庙为1990年由倪氏后裔发起重建，分大殿及后堂观音殿，是本地举办民俗活动的舞台。附近为停车场。

第二站：娘娘庙遗址。由山门行1700步，即到娘娘庙遗址，古山道皆为青石板垒成。半山娘娘庙声名远播，明清时期，每逢五月初一娘娘诞辰，西湖周边龙舟悉至半山，城乡夫妇争相入庙，殿堂几无立足之地，历代文人多有题咏。1932年，庙宇重修。郁达夫和何君看到，正殿三间，虽倾颓灰黑了，但后面的观音堂却是新近粉刷过的。抗战后期，娘娘庙被侵华日军炸毁，现仅存石头柱基。

第三站：望宸阁。由娘娘庙遗址再行2000步，即至山顶。郁达夫在山顶看见了杭州城里的烟树人家和钱江南岸的青山。2016年，山顶上建成南宋建筑式样的望宸阁。登阁四顾，可一览全城景色：西望西湖，满目苍翠；南眺拱宸桥，市井繁华；东瞭黄鹤诸山，蜿蜒如带；北览杭嘉湖平原，河道如肠。

从望宸阁上望去，龙山、虎山、黄鹤山诸山一脉相连，连绵10余千米，远处最高峰海拔361.1米。

郁达夫和何君从原路下山，诗人何君又跑到半山娘娘庙，在墙上题了一首诗，记录了此事。

这条古道虽然颇有野趣，但两边坟茔众多，甚煞风景。近年来，景区已新开多条线路，设置多个入口，特别是半山、龙山、虎山山脊连通后，不必再走回头路。春光烂漫，桃花夭夭，这是杭州第二条"十里琅珰"。

登山线路现有多条，本文提供两条：一条是山脊线。从半山景区入口至半山观桃，经翠峰览胜，到望宸阁，再到慕云登高，最后到虎山公园的仙人谷。全长4千米，耗时约2小时。这条线路视野好，可以放眼远眺，俯察群山。

第二条是休闲线路。自半山娘娘庙广场开始，经过"林峦苍翠"牌坊，步入原生态道路，经龙山水库、虎山水库，最后到虎山桥，全长3.8千米，只需一个小时就可以搞定。

"林峦苍翠"牌坊在半山娘娘庙广场旁，这条山道轻松惬意，适合亲子游。近年来，黄鹤山以东的龙居寺一带建成了皋亭山景区，以千桃园及孝文化闻名。每年三月底四月初，桃花盛开之季，这里都要举办观桃节，并设计多条游线，足可让游人一饱眼福。

80多年前那次皋亭一日游，郁达夫与何君两人从山顶下来时，已经暮色四合，他们又花了一个多小时才急急跑回笕桥。

这天的暴走，实在酣畅。回程路上，郁达夫步何君韵，作诗一首，记载此行："春愁如水刀难断，村酿偏醇醉易狂。笑指朱颜称白也，乱抛青眼到红妆。上方钟定夫人庙，东阁诗成水部郎。看遍野梅三百树，皋亭山色暮苍苍。"当时杭州城不大，皋亭山走完，算是基本荡遍了杭州的角角落落，对杭州有了全方位的认识。就在当月，郁达夫提笔写了《杭州》一文，还借明代高濂《四时幽赏录》的表述，理出了一年四季欣赏杭州的角度：

（一）春：孤山月下看梅花，八卦田里看菜花，虎跑泉旁试新茶，西溪楼上啖煨笋，保俶塔看晓山，走苏堤看桃花。

（二）夏：苏堤看新绿，三生石谈月，飞来洞避暑，湖心亭采莼。

（三）秋：满觉陇赏桂，胜果寺望月，水乐洞雨后听泉，六和塔夜听钱潮。

（四）冬：三茅山顶望江天雪霁，西溪道玩雪，镇海楼观晚炊，除夕夜登吴山。

"看山如读画，游山如读史。"皋亭山顶的景色给郁达夫留下了深刻的印象，特别是东边的黄鹤峰和北边的超山，在此后的著作中，他多次提及。黄鹤峰是元四家之一、赵孟頫外孙王蒙的隐居地，王蒙在这里读书、画画、喝茶、渔耕20多年，把日常生活画进了《春山读书图》《谷口春耕图》《煮茶图》，这样的生活是郁达夫十分向往的，他心里已经在描画造屋的理想："地皮不必太大，只教有半亩之宫，一亩之隙，就可以满足。房子亦不必太讲究，只需有一处可以登高望远的高楼，三间平屋就对……"不过，这次暴走，郁达夫并没有欣赏到盛开的桃花。一年后，他看到前往半山的香船，突然想起了那天的景色："半堤桃柳半堤烟，急景清明谷雨前。相约皋亭山下去，沿河好看进香船。"

　　这年年底，他按照自己的造屋理想，开始修建风雨茅庐。取这个名字，原想躲避乱世中的风刀霜剑，没想到建成后不久，郁达夫就南下福建抗日，从此极少回杭州。相约皋亭山、重游娘娘庙，成了郁达夫一生的遗憾，而皋亭山上的桃花，也终究只是他心底最美好的念想。

　　风雨茅庐位于杭州市大学路场官弄63号，1936年5月1日，郁达夫迁入此屋。该宅分正屋和后院两部分，有三间正屋，正中为客厅，东、西为卧室，后院建平房三间，为书房和客房，假山点缀，林木参差，环境幽雅，是一座典型的中式平房别墅，为杭州市文物保护单位。正屋周边裙房现有单位办公。

飞来峰传奇

严 格

飞来峰摩崖石刻　（杭州西湖风景名胜区灵隐管理处提供）

  杭州飞来峰有点儿委屈。

  明明是全国重点文物保护单位、西湖世界文化遗产的重要内容，明明是中国江南罕见的古代石窟艺术瑰宝，是汉藏造像艺术在江南的汇聚之处，明明是中国园林艺术的祖师爷，南宋后上升为造园审美的"国标"。

  飞来峰说，这里名山名水、名人逸事、名泉名亭、名寺名佛融为一体。

  这里年接待游客500多万人次，在浙江省名列前茅。但游客大多是路过飞来峰去灵隐等寺庙进香祈福，然后出来又路过飞来峰，在著名的弥勒菩萨造像前拍照而已。

飞来峰都要借灵隐寺的光,你说,能不委屈吗?

今天我们不说委屈,就说飞来峰的传奇。

传奇一

宋仁宗皇祐二年(1050年),有一个江西人在浙江当官,任满回乡的途中路过杭州飞来峰,写下了一首诗。

在这首诗中,这位29岁的官员踌躇满志、豪情万丈,用诗歌讲述了一种人生哲学,并体现出青年人奋发向上的精神。

34年后,宋神宗元丰七年(1084年),有一个四川人,也跑到飞来峰,写了不止一首诗。

这两个人,在唐宋八大家中占两席。他们也曾经是一对"相爱相杀"的"冤家",老来相逢一笑泯恩仇。

前者叫王安石,后者叫苏轼。

北宋庆历七年(1047年)四月初,27岁的王安石以大理评事赴鄞县。这是他第一次主政一方。

此前,欧阳修和当时很多文人都很看好他,准备推荐他留京任职。可是没有想到,王安石却以家中有母亲要奉养为由,拒绝了。

浚渠川,兴水利,建县学,兴教育,王安石在鄞县时的改革,很多成为他日后变法的重要内容。可以说,鄞县是王安石变法的萌发地。

王安石任期满,返乡途中路过杭州,写了一首诗《登飞来峰》:"飞来山上千寻塔,闻说鸡鸣见日升。不畏浮云遮望眼,自缘身在最高层。"

千寻塔是飞来峰上的神尼舍利塔,目前只剩塔基尚存。登上飞来峰,正对东方,西湖就在眼前,远望可以看到钱塘江。

我们看见了900多年前王安石所见的不凡景象,也看到了29岁王安石的雄心。他在地方上当官，政声颇好，京城中又有欧阳修等大佬做"后台"，前途是一片光明。

他说，想要实现自己的理想就需去奋斗，只有站到最高的地方，才不会被浮云遮挡住视野。

因为这首诗，后来就一直有人攻击王安石虚伪。他们说：你既然这么想当官，这么想往上面爬，当初为什么要拒绝欧阳修的好意呢？

这就有点儿小人之心了。"不畏浮云遮望眼，自缘身在最高层"，这里的"高层"，也不见得就是指官阶的高低，而是指境界吧。

苏轼的父亲苏洵还专门写了一篇《辨奸论》，文中一口咬定王安石"阴贼险狠"，要多坏有多坏，简直是中国古代坏人的巅峰！一旦由王安石执政，天下"将被其祸"。

据说王安石听说《辨奸论》后，"不乐子瞻兄弟（苏轼、苏辙），两家之隙，遂不可解"……

不过苏轼并没有从人品角度攻击王安石，他们之间更多是政见不同。

宋神宗熙宁年间，王安石被任命为参知政事，变法的号角正式吹响，也开始了数十年的新旧党争。

王安石变法，如急风骤雨，颇有法家严苛峻急的气概。为强力推动改革，王安石强调"自古作事，未有不以势率众而能令上下如一者"。

相比之下，"旧党"苏轼的态度就要温和得多。

身在朝堂，苏轼对于北宋朝廷的各种弊端也不是懵然无知，但他认为改革之事要一步一步慢慢来，这样才能做到"法相因则事易成，事有渐则民不惊"。

王安石总觉得"有为之时，莫急于今日，过今日，则臣恐亦有无所及之悔"。苏轼却觉得他"求治太速，进人太锐"。

如此反复，两个人围绕着变法之事多有抵牾，隔阂也逐渐加深。

变法中，王安石常称许宋神宗的乾纲独断，而苏轼对此却不以为然。不久之后，苏轼在科举考试中出了一道题，以"晋武平吴，独断而克，苻坚伐晋，独断而亡，齐桓专任管仲而霸，燕哙专任子之而败，事同功异"提问。

这道考题，矛头直指王安石。王安石见后大怒，而变法派也开始搜罗苏轼的"劣迹"。最后，变法派虽然没有抓到苏轼的什么把柄，却让苏轼感到了巨大的政治压力，以至于苏轼不得不请求外任，以避锋芒。

1071年，苏轼自请离京，出任杭州通判。

杭州有幸。

杭州的山水开始治愈苏轼的内耗。"溪山处处皆可庐，最爱灵隐飞来孤"，苏轼的最爱也是灵隐寺飞来峰一带，"在郡依前六百日，山中不记几回来"。不过，他的志趣和王安石"不畏浮云遮望眼，自缘身在最高层"截然不同。

他向往的是："我在钱唐百六日，山中暂来不暖席。今君欲就灵隐居，葛衣草履随僧蔬。肯与冷泉作主一百日，不用二十四考书中书。"

宋代费衮所撰《梁溪漫志》载："东坡镇余杭，遇游西湖，多令旌旗导从出钱塘门，坡则自涌金门从一二老兵泛舟绝湖而来，饭于普安院，徜徉灵隐天竺间。以吏牍自随，至冷泉亭则据案剖决，落笔如风雨，分争辩讼，谈笑而办。已，乃与僚吏剧饮，薄晚则乘马以归，夹道灯火，纵观太守。"

苏轼出任杭州通判，审判案件、定分止争是他的主要职责之一，飞来峰下冷泉亭就是他的法庭之一。

白居易担任杭州刺史期间，写过一篇《冷泉亭记》："东南山水，余杭郡为最。就郡言，灵隐寺为尤。由寺观，冷泉亭为甲。亭在山下，水中央，寺西南隅。高不倍寻，广不累丈，而撮奇得要，地搜胜概，物无遁形。……"

苏轼就是在这样的审判现场，没有王朝、马汉两旁严阵以待，没有酷刑枷具随时伺候，来旁听审判的人均可自由出入，没有旁听证的限制。

苏轼审案从容不迫："落笔如风雨，分争辩讼。"

苏轼就在没有围墙的冷泉亭里开庭审案，并当场判决，何等风流潇洒！

冷泉亭里有一副对联——"泉自几时冷起，峰从何处飞来"，为明代书法家董其昌冷泉亭题联。

我觉得，这就是苏轼的调性。

苏轼说"最爱灵隐飞来孤"，此言非虚。

后来，苏轼还在飞来峰前写下一首《灵隐前一首赠唐林夫》。诗中"不知水从何处来，跳波赴壑如奔雷"，道出了壑雷亭的磅礴胜景。

壑雷亭位于灵隐飞来峰景区冷泉闸畔，冷泉亭东。壑雷亭宋初建成；清咸丰十年（1860年）毁于太平军之乱，又于光绪十五年（1889年）重建，后又经多次修葺。

从灵隐飞来峰正门口进入主通道，过回龙桥，便来到壑雷亭前，进入了景区的腹地，飞来峰和冷泉溪的大体样貌也已映入眼帘。壑雷亭旁有一道滚水坝，形成池面形态，用以蓄水排洪，今称冷泉池。每到大雨滂沱，冷泉水大涨，便开闸放水，此时溪水奔腾，像倾倒万斛珍珠，水花四溅，如雨似雾，水声如击鼓撞钟，山鸣谷应。人在亭内似乎就可观赏到苏轼在飞来峰前写下的"不知水从何处来，跳波赴壑如奔雷"的情景。

不过，苏轼离开飞来峰后，飞来横祸。

在最危难的"乌台诗案"中，那么多险恶的政敌想置苏轼于死地，这时已辞去宰相之位回到民间的王安石挺身保护，对皇帝大声疾呼："岂有圣世而杀才士者乎？"

党争之外，王安石这样评价苏轼："不知更几百年方有如此人物。"

苏轼曾称王安石为"野狐精"，这并非世俗意义上的贬语，而是指王安石的心灵和城府——一切皆收眼底的细密心思。

他认为，王安石所实行的改革是"悍石猛药"，最后一定会贻害无穷，但同时又并不认为王安石的改革一无是处。特别是后来，在复辟旧法之时，他却做出了另一种选择：以亲身经历对旧党执政者尖锐地指出新法"不可尽废"。结果又不为旧党所容。

真是里外不是人，难怪他自嘲"一肚皮的不合时宜"。

有一文，《苏东坡与王安石：脱离了低级趣味的君子之争》，我觉得说到了点子上。

按照现在的观点，王安石很无趣，官居高位，不爱吃喝，不爱美色，夫人为他纳妾都不要，生活极其节俭；而苏轼很有趣，好吃爱喝，又是东坡肉，又是"诗酒趁年华"，情史也丰富，"枝上柳绵吹又少，天涯何处无芳草"，杭州姑娘王朝云是他的心头所好。

但他们都脱离了低级趣味。

清代纪昀说："东坡、半山，旗鼓对垒，似应别有佳处，方惬人意。"认为苏轼与王安石在新法上政见分驰、互相对峙，似乎冰炭不能相容，故希望这两位奇人在别的事情上能有某种相通之处，才能使人们满意。

1084年，苏轼写了一首诗，让我们看到了两位奇人的相通之处。那就是著名的《题西林壁》："横看成岭侧成峰，远近高低各不同。不识庐山真面目，只缘身在此山中。"

我相信，苏轼写这首诗，一定是想到了王安石，想到了《登飞来峰》，这也是不少学人的观点。

我觉得，这也是苏轼历经沧桑后，向"不畏浮云遮望眼，自缘身在最高层"的王安石致敬。

更准确地说，是妥协，向"敌人"妥协，也向自己妥协。

传奇二

金庸的《射雕英雄传》也写到了飞来峰：

> 谈谈说说，来到飞来峰前。峰前建有一亭，亭额书着"翠微亭"三字，题额的是韩世忠。郭靖知道韩世忠的名头，见了这位抗金名将的手迹，心中喜欢，快步入亭。
>
> 亭中有块石碑，刻着一首诗云："经年尘土满征衣，特特寻芳上翠微，好山好水看不足，马蹄催趁月明归。"看笔迹也是韩世忠所书。
>
> 郭靖赞道："这首诗好。"他原不辨诗好诗坏，但想既是韩世忠所书，又有"征衣""马蹄"字样，自然是好的了。黄蓉道："那是岳爷爷岳飞做的。"郭靖一怔，道："你怎知道？"黄蓉道："我听爹爹说过这故事。绍兴十一年冬天，岳爷爷给秦桧害死，第二年春间，韩世忠想念他，特地建了此亭，将这首诗刻在碑上。只是其时秦桧权势薰天，因此不便书明是岳爷爷所作。"郭靖追思前朝名将，伸手指顺着碑上石刻的笔画模写。

翠微亭建在飞来峰的半山腰，现在一般游客都懒得上去，金庸描写郭、黄当年来杭州游玩，到过翠微亭，也算深度游了。

翠微亭坐落在飞来峰半山腰，正好位于灵隐寺大殿的正南面，只隔着一条冷泉溪。亭筑高处、山前，既能成为飞来峰下仰视的景点，也可供游人俯视冷泉溪畔风景，衬托山势高耸，半隐半露，含蓄自然。

拾级而上，这是一座四角重檐亭，其外侧四根柱子支撑首层四角飞檐，内侧四根柱子支撑二层四角飞檐，重檐间设花式格窗，重檐下梁柱格构布置合适，屋顶面板倾斜有序。亭内安有石座凳可供游人休憩，亭外有由石材砌成的

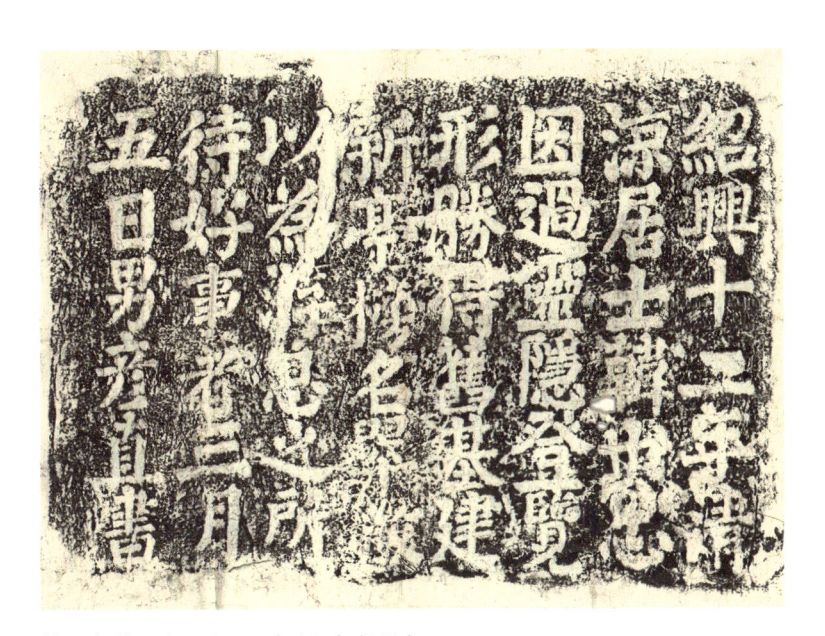

韩世忠翠微亭题名　　（魏祝挺提供）

花式围栏围合的观景平台。

飞来峰是韩世忠解官后时常前往排解心中苦闷之处。岳飞含冤屈死66天后，韩世忠建造了这座翠微亭。

岳飞曾作《登池州翠微亭》一诗："经年尘土满征衣，特特寻芳上翠微。好山好水看不足，马蹄催趁月明归。"

韩世忠便将此亭命名为"翠微亭"，并让儿子写下题记："绍兴十二年，清凉居士韩世忠，因过灵隐登览形胜，得旧基，建新亭，榜名翠微，以为游息之所，待好事者。三月五日，男彦直书。"

今天的翠微亭有匾额两块：一题"翠微亭"，一题"岿存岳峙"。亭中有楹联"回钟岩漾融闻性，幽翠玄微印觉心""路转峰回藏古迹，亭空人往仰前贤"等。

根据史书记载，秦桧最早想陷害的是韩世忠，因为韩世忠公开给宋高宗上书，痛斥秦桧误国。当时韩世忠的一名部将犯了法，被关押严刑审讯。秦桧觉得机会来了，准备趁机陷害韩世忠。岳飞碰巧知晓了这件事，他立即派人把秦桧的企图通知韩世忠。韩世忠赶紧找到皇帝赵构哭诉，得以免祸，秦桧的阴谋没有得逞。岳飞的及时报信救了韩世忠一命。

其后岳飞还是在劫难逃，满朝文武慑于秦桧淫威，一个个钳口结舌、噤若寒蝉，只有韩世忠挺身而出，诘问秦桧："有何证据证明岳飞谋反？"秦桧以"莫须有"答之，韩世忠愤愤不平地说："'莫须有'三字何以服天下？"

坐在翠微亭中，我似乎发现了韩世忠在这里建翠微亭的秘密。翠微亭和灵隐寺隔着一条冷泉溪，对面就是灵隐寺的正门、天王殿、大雄宝殿，这是一条中轴线，900多年前，透过晨钟暮鼓，也许韩世忠为自己，也为岳飞找到了解脱之路。

不过，岳飞和韩世忠，包括置岳飞于死地的宋高宗、秦桧，都不知道，南宋最后的敌人不是金人，而是蒙古人。

今天，飞来峰龙泓洞里有一篇贾似道的题记留在了左壁。

这篇题记共有六行，内容为："咸淳丁卯七月十八日，贾似道以岁事祷上竺，回憩于此。客束元哲、俞昕、张濡、黄公绍、王庭从。子德生侍。期而不至者廖莹中。沈坚刻。"大意是，咸淳三年（1267年）夏天，贾似道带着一众亲友去上天竺烧香回来，又到灵隐寺求佛，还点名批评爽约的人。

贾似道是南宋末年的宰相，历史上对他的评价基本是负面的，因为他经常在西湖上寻欢作乐，时人讽刺："朝中无宰相，湖上有平章。"

1259年，蒙古忽必烈率军围攻鄂州，南宋边防告急。宋理宗任贾似道为右相兼枢密使，命其出兵汉阳，支援鄂州。

当时，蒙古军攻潭州，被南宋守将击溃，恰遇蒙古可汗蒙哥病逝，内部

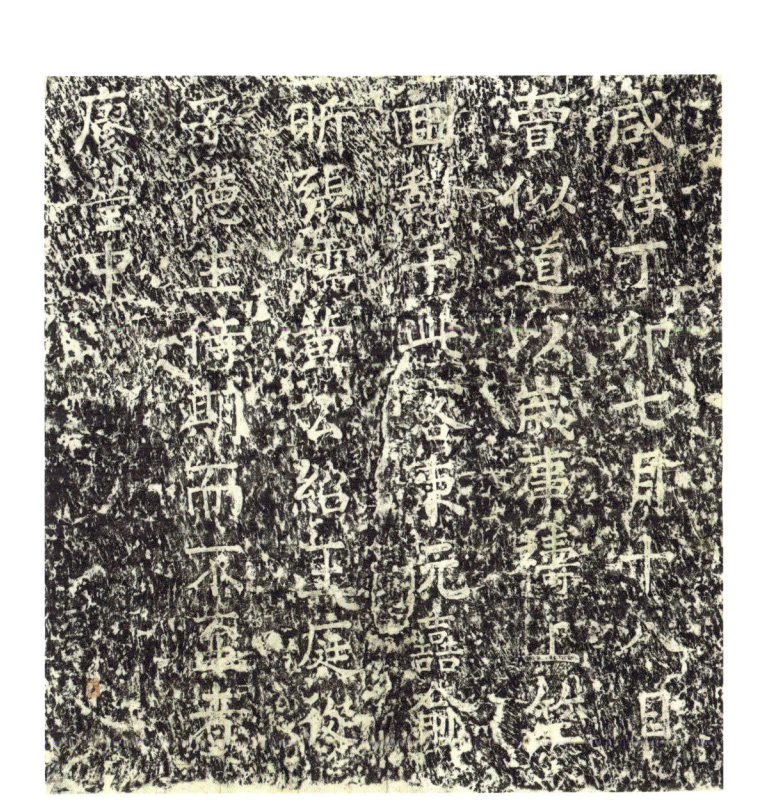

贾似道龙泓洞题名　（魏祝挺提供）

争权激烈，忽必烈无心恋战。敌兵一退，贾似道一战成名。

宋理宗下诏褒扬，加封贾似道为魏国公。从此，贾似道排除异己，独擅朝权。宋度宗当政后，更是加封他为平章军国重事，满朝大权都落在贾似道手中。

1267 年，也就是贾似道题刻那一年，忽必烈下令攻打南宋的重镇襄阳。

贾似道救国无计，才赶到上天竺去祈求保佑太平无事。因此我猜测，题记中所写的"岁事"，指的就是这件事。

题刻还提到了廖莹中，是贾似道的门客，也是著名的收藏家，贾似道的很多收藏都是他来掌眼的。

贾似道为人虽不堪，但艺术品位却不低，贡献也不少。贾似道让廖莹中主持翻刻的《玉枕兰亭》《玉版十三行》《宣示表》被称为"贾氏三刻"，分别为王羲之、王献之、钟繇所书。《玉枕兰亭》流传到清代后不知所终，现《玉版十三行》《宣示表》都属于国家一级文物被收藏在首都博物馆。贾似道刻石对书法的保存和流传起到重要作用，也为后人研究名家书法提供便捷。

贾似道的祷告似乎并非完全无效，起码南宋又多延续了几年。

1275 年，也就是贾似道祷告后八年，贾似道退休后被杀，题记中的门客廖莹中自杀。

1276 年 2 月 4 日，元军攻占南宋都城临安（今杭州），俘五岁的南宋皇帝恭帝，南宋大势已去。

1277 年，元世祖忽必烈委派杨琏真迦任元朝江南释教都总统（后改江淮释教都总统），一手执掌江南佛教事务。

杨琏真迦是唐兀（西夏党项）人，他的师傅是堪称一代传奇的藏传佛教萨迦派五祖、忽必烈的帝师、元朝第一代国师、统领天下释教的中原法王八思巴。

杨琏真迦上任后曾盗掘南宋诸皇帝、皇后陵寝及公侯卿相坟墓，《元史》卷二〇二《释老传》载：

> 有杨琏真迦者，世祖用为江南释教总统，发掘故宋赵氏诸陵之在钱塘、绍兴者及其大臣冢墓凡一百一所；戕杀平民四人；受人献美女宝物无算；且攘夺盗取财物，计金一千七百两、银六千八百两、玉带九、玉器大小百一十有一、杂宝贝百五十有二、大珠五十两、钞一十一万六千二百锭、田二万三千亩；私庇平民不输公赋者二万三千户。他所藏匿未露者不论也。

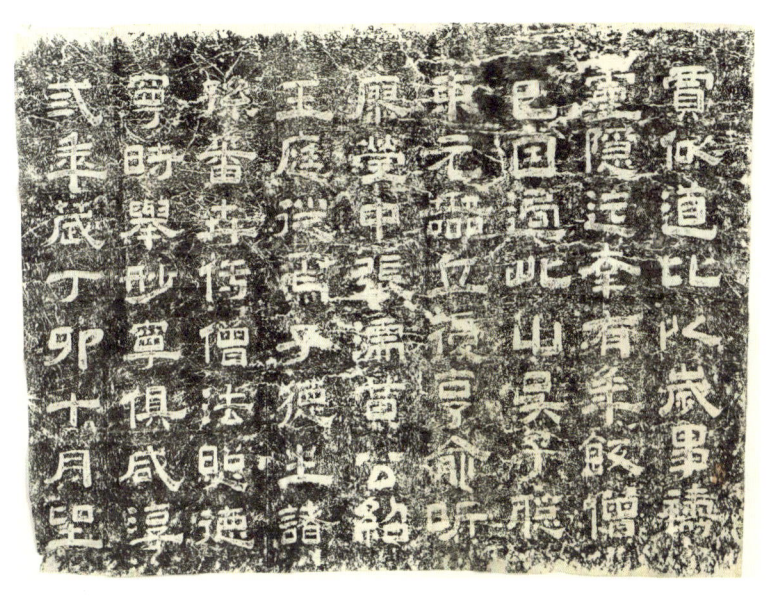

贾似道三生石题名　　（魏祝挺提供）

关于杨琏真迦发掘南宋皇陵之事，由宋入元的周密的《癸辛杂识》记述最详：

（杨琏真迦率徒）遂先发宁宗、理宗、度宗、杨后四陵，劫取宝玉极多。独理宗之陵所藏尤厚……理宗之尸如生，其下皆藉以锦，锦之下则承以竹丝细簟，一小厮攫取，掷地有声，视之，乃金丝所成也。或谓含珠有夜明者，遂倒悬其尸树间，沥取水银，如此三日夜，竟失其首。或谓西番僧回回，其俗以得帝王骷髅，可以厌胜，致巨富，故盗去耳。事竟，罗铣买棺制衣收敛，大恸垂绝，乡里皆为之感泣……至十一月复发掘徽、钦、高、孝、光五帝陵，孟、韦、吴、谢四后陵……方移理宗尸时，允泽在旁以足蹴其首，以示无惧。

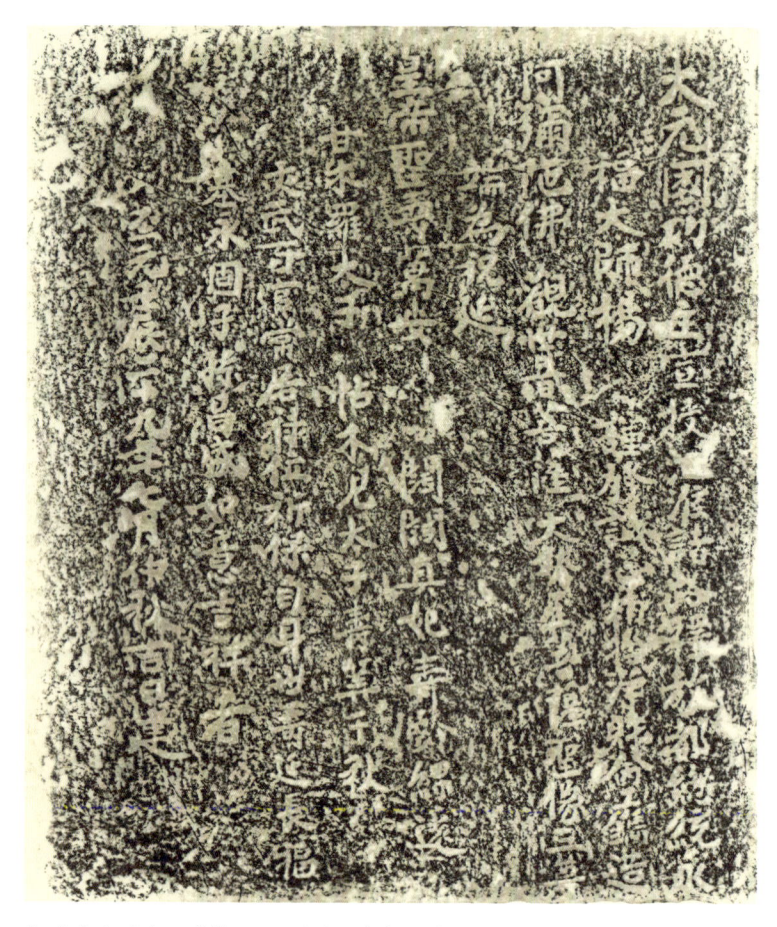

杨琏真迦呼猿洞造像记 　　（魏祝挺提供）

　　杨琏真迦还派人把曝露于荒野的南宋诸帝后的骸骨收集起来，集中深埋于杭州凤凰山东麓南宋故宫遗址内，在其上"筑一塔压之，名曰镇南"。

　　真是令人发指！

　　飞来峰本来就是佛教圣地，造像繁盛，杨琏真迦又主持开凿元代造像，其中藏式造像30余龛，是我国内地规模最大的藏式石窟造像群。

青林洞洞口正上方有一龛佛教造像，雕凿的是被称为"华严三圣"的毗卢遮那佛及文殊、普贤菩萨像。

这三尊造像是元代杭州西湖最早的石刻造像，背后也有一段历史。

造像下刻有造像记，文字从右向左，楷书，共有10行，75字。大意是，大元国杭州的徐僧录和潭州（长沙）的李僧录，一起镌造了这三尊造像，为祝延皇帝万安。

这个被祈福的皇帝，是元世祖忽必烈。

1282年，元朝击败南宋完成统一仅三年时间，政局还没有完全稳定，据《元史》记载，就在这一年的3月17日，京城大都发生了一桩震惊全国的事件：元朝左丞相被民间义士刺杀。这桩事件被著名旅行家马可·波罗写入了他的游记。左丞相被刺杀，杨琏真迦手下徐、李二人在这一年镌造这组龛像，为皇帝祈福，并把重点放在了平安上。

也是同一年，南宋的状元宰相文天祥还被关押在元大都。就在完成这龛造像的第二年，1283年1月9日，文天祥被处死，留下了"人生自古谁无死，留取丹心照汗青"的诗句。

杨琏真迦还在飞来峰为自己造了像，不过后世屡屡受辱。

明朝散文家张岱《西湖梦寻》中有一段文字记载："杨髡沿溪所刻罗汉皆貌己像，骑狮骑象，侍女皆裸体献花，不一而足。田公汝成锥碎其一；余少年读书岣嵝，亦碎其一。"

今人考，张岱所"破坏文物"应为飞来峰第九十一龛的密理瓦巴像，为印度八十四大成就者中的瑜伽行者。该像为裸身凸腹，踞坐石台上，前有二女子供奉，与张岱所见同。此像如今残破，有椎凿痕迹，看来是为杨琏真迦像当了替罪羊了。

这种怨激情绪还祸及飞来峰翠微亭下方石龛中的多闻天王石像。多闻天王石像看上去形貌勇武，眼珠外突，豹头环眼，一副"面目可憎"的样子，人们以为这也是杨琏真迦之像，就投之以石块，击之以木棍。

如今坐落在山间崖上的石像，无论是五代的、宋的，还是元的，无论着汉家衣冠，还是赤身裸体，无非是历史在石头上的偶然投影，大可一并观之赏之，没有恩怨，只有传奇。

1022年，杭州飞来峰上，宋人胡承德斥巨资请石匠在崖壁间凿刻浮雕，为家人祈福。

难得的是，这个在历史上没有任何记载的胡承德格局很高，他在题记中表明，要把这份祝愿"共享"给后世来到此地观瞻的人们。

到2022年，这座浮雕凿刻已1000年。

和丰子恺一起夜饮西湖

黄唐唐

我一直在想一个问题：为什么丰子恺那么招人喜爱，特别是到今天，还有那么多年轻人喜欢他。

如果他活着，今天已经124岁了，但就是这样一个老人，他的"粉丝"居然可及"00后""10后"，在中国，这是一个有趣的个案，甚至在世界也是罕见的。

为了纪念丰子恺，前两年，浙江美术馆办了一个回顾展。展期特别短，只有十几天时间，没想到看展的人挺多，老老小小，男男女女，所有人都很仔细地看，一幅一幅地过，生怕错过任何细节。

更加神奇的是，丰子恺频频出现在我们的微信朋友圈里：春天，是《春光先到野人家》；夏天，是那张孩子顶了荷叶的《折得荷花浑忘却，空将荷叶盖头归》；秋天，是《人散后，一钩新月天如水》；冬天，是那张堆雪人的《门前双松，终岁青葱》。而且，丰子恺的漫画"百搭"。疫情以来，丰子恺漫画的主人戴上了口罩，宣传保持社交距离，提倡分餐制，鼓励保持良好心态，真

丰子恺作品《春光先到野人家》《折得荷花浑忘却，空将荷叶盖头归》《人散后，一钩新月天如水》 （丰子恺外孙宋雪君提供）

是万能的丰子恺漫画。

有人说，因为丰子恺一生有诗意、有谐趣，尽管见证了周遭诸多风物人事的变迁，家园被毁，举家颠沛流离，但仍然与现实保持着适当的距离，是因为丰子恺的画充满童真与诗意，而这恰恰是我们寻常人早已淡忘和遗失的美好。

我觉得，丰子恺最大的特点就是他的作品，善于让生活变得有意思。

他在杭州的生活，就很有意思。

一

1947年，丰子恺在杭州西湖边安了一个家。

抗战胜利后，丰子恺携眷回乡。可故乡石门湾的缘缘堂已成了一片废墟，昔日书斋长满了荆棘，满目荒凉，他说道："缘缘堂虽已全毁，但烟囱完好，矗立于瓦砾场中。此是火食不断之象。"

1947年1月15日，丰子恺在写给忘年交夏宗禹的信卜说："杭州山水秀美如昔，我走遍中国，觉得杭州住家最好，可惜房子难找。"

据丰子恺女儿丰一吟回忆：

> 我家初到杭州，暂住功德林，后来移居里西湖招贤寺，最后总算在招贤寺旁租到一所简陋的泥地小平房：三间正屋，天井的两侧各有一间厢房。父亲凭卖画凑了一点钱，付了租赁费，把墙壁粉刷一下，置了一些简单的家具，就于1947年3月11日举家迁入了当时的静江路（今北山街）85号的"湖畔小屋"。这里环境幽静，门外隔着里西湖，正对孤山放鹤亭。父亲不禁脱口而出："门对孤山放鹤亭。"这不正好是一副对联的下联吗？那么上联呢？父亲思索良久，所得上联仍不甚满意。后来全靠开明书店的老友章锡琛帮忙想出了上联，凑成了

1947—1948年，丰子恺住过的杭州静江路85号　　（丰子恺曾外孙丰睿提供）

一副完整的对联："居临葛岭招贤寺，门对孤山放鹤亭。"

丰子恺到杭州，先暂住西湖边招贤寺，后又在招贤寺旁安家，招贤寺对于丰子恺而言，早有前缘。

招贤寺位于葛岭下的北山街61号，原北山街78号。

唐时就有招贤寺之名，且生长有不知名之花，白居易名之为紫阳花，云："招贤寺有山花一株，无人知名，色紫气香，芳丽可爱，颇类仙种，因以紫阳花名之。""何年植向仙坛上，早晚移栽到梵家。虽在人间人不识，与君名作紫阳花。"

1947年，丰子恺在杭州招贤寺与家属、法师等共9人　（丰子恺外孙女杨朝婴提供）

宋朝苏轼在杭州为官时，招贤寺正殿前有一个精巧的院落，一座石拱桥，桥下泉水淙淙，应是引寺后宝石山的山泉而来。苏轼自然要循白诗而来，留下他的墨宝。史书记载，苏轼为院中泉水题"蒙泉"为名。

招贤寺名声在外，引得许多名人来此游赏。

1926年3月16日，弘一法师返回杭州，入住北山街上的招贤寺。

弘一法师到招贤寺不久，就给在上海的学生丰子恺寄去了一张邮片："近从温州来杭，承招贤老人殷勤相留，年内或不复他适。"他显然是希望在立夏之前先见一见自己久未相见的弟子。

丰子恺后来写了一篇题为《法味》的散文，记述了他的招贤寺之行。文中写道:"下午我与 S 先生(按:夏丏尊)分途,约于五时在招贤寺山门口会集。等到我另偕了三个也要见弘一师的朋友到招贤寺时,见弘一师已与 S 先生对坐在山门口的湖岸石埠上谈话了。"

现在北山街招贤寺旧址,门牌号下面用中英文双语写着简介:"招贤寺旧址最早建于唐代,元末毁于战火,清康熙十五年(1676 年)由僧人起纲募化重建,改名清隐庵,后复旧名。光绪二十七年(1901 年),寺内供奉缅甸玉佛,又称'玉佛寺'。民国十八年(1929 年)西湖博览会期间,招贤寺曾辟为'交通部临时电信所'。"

招贤寺现在属于杭州新新饭店,经过维修,招贤寺大殿已经成为秋水山庄的文化空间,香奈儿(Chanel)等品牌都曾在这里举行新品发布会。我去的那天,这里正在举办画展。而进入秋水山庄,也须借道招贤寺。

杭州文史学者仲向平说,招贤寺很特别,是杭州唯一一座由东向西布局的寺庙。灵隐寺等寺庙都是南北布局,一进一进,直到山上。而招贤寺沿着葛岭的东西布局,东边是大殿,往西依次是僧房、花园、菜地。

据仲向平考证,丰子恺的湖畔小屋目前建筑已经不存,其位置在招贤寺旁葛岭自来水泵站处,据《钱江晚报》此前报道,有四棵法国梧桐树还是当年的树。而李叔同、丰子恺住过的招贤寺僧房,今天是北山街 61 号院子,还住着人家,就在新修的招贤寺大殿隔壁。

"如果要恢复丰子恺旧居,湖畔小屋是最理想的,地方、围墙都在。李叔同和丰子恺住过的僧房,北山街 61 号,也在旁边。"仲向平说,"如果能尽早动迁两处,修好湖畔小屋,就太好了。现在招贤寺大殿修过了,后面第二步、第三步应该也不远了吧!"

弘一大师生西二十周年祭塔摄影　　（丰子恺外孙宋雪君提供）

二

湖畔小屋也不是丰子恺在杭州的第一个家。

1919年丰子恺从母校浙江省立第一师范学校毕业，离开杭州后就为生活到处奔走。他在1918年就结了婚，后来子女成群。他向亲友借钱到日本待了十个月，像海绵吸水一般吸饱了东洋的文艺知识，还带了不少书回国。此后他就执教于上海、浙江之间，为衣食而奔走。他在上虞白马湖开始创作具有自己独特风格的《子恺漫画》，以后又陆续写出《缘缘堂随笔》。稿费渐渐多了起来，他终于能够实现母亲的遗愿，在石门镇上造起自己设计的新缘缘堂。

据丰子恺女儿丰一吟回忆：

孩子们渐渐长大，前面四个已到了入初中的年龄。父亲就送他们坐船到杭州去考学校，在杭州他们暂时寄寓于里西湖的招贤寺。

我的哥哥姐姐们各自考取了杭州的中学。招贤寺门口就是里西湖。父亲欣赏着西湖美景，不禁动了卜居杭州的念头。他以前常吟南宋杨万里的诗《晓出净慈寺送林子方》：

毕竟西湖六月中，风光不与四时同。

接天莲叶无穷碧，映日荷花别样红。

还吟北宋词人柳永的《望海潮》：

东南形胜，三吴都会，钱塘自古繁华。烟柳画桥，风帘翠幕，参差十万人家。云树绕堤沙，怒涛卷霜雪，天堑无涯。市列珠玑，户盈罗绮竞豪奢。重湖叠巘清嘉，有三秋桂子，十里荷花。羌管弄晴，菱歌泛夜，嬉嬉钓叟莲娃。千骑拥高牙，乘醉听箫鼓，吟赏烟霞。异日图将好景，归去凤池夸。

父亲说，据说这阕词传播开去，被金主完颜亮得知，羡煞"三

1955年，丰子恺与家人在杭州玉泉　（丰子恺外孙宋雪君提供）

秋桂子，十里荷花"，便动了兴兵渡江南犯之心。所以宋人谢处厚又有一首诗云："谁把杭州曲子讴，荷花十里桂三秋。哪知草木无情物，牵动长江万里愁。"我那时还小，在一旁听着，至今还留下难以磨灭的印象。

"三秋桂子，十里荷花"能牵惹金兵来犯，自然更能吸引我父亲来杭州做寓公。更何况我的三个姐姐和一个哥哥在杭州寄宿读书，他若能在杭州租屋住下，还可以让孩子们周末有家可归，寒暑假则一同回石门缘缘堂住，岂不是好！于是，和家里商定后，就在杭州租下了皇亲巷6号的房子,从1935年住到了1936年。后一度迁至马市街156号小住,最后又搬到田家园3号。1937年抗战爆发,这才撤销了杭州的别寓,回到石门缘缘堂,然后走上了长达八年的逃亡之路。

抗战前在杭州一共度过了三个春秋。这三年可说是最富有诗意的岁月。西子湖春日浓妆,秋天淡抹,浓妆淡抹总相宜。父亲很注重孩子们的兴趣。每逢周末,他总是带他们出去游山玩水。受同学杨伯豪的影响,他喜欢带他们到无名的地方去游玩。同时自己或画速写,或酝酿随笔的题材。著名的随笔《山中避雨》(1935年)就是当时的产物。

友人怪他不在杭州赚钱而无端来做寓公。他说:"不为无益之事,何以遣有涯之生。"正因为他不在杭州供职,杭州对他来说没有一丝利害关系,他就可以充分地从艺术的角度来欣赏它。多么有趣的论调!

父亲平生不善理财,有了钱就要用。经济来源主要就靠笔耕,因此生活并不富裕。但只要开销得过,他就要保持杭州的别寓。寒暑假带孩子回老家时,则留下一个工人照看别寓。他戏称这别寓为行宫。我和二哥虽然还在故乡念小学,但也有幸随母亲来皇亲巷的行宫住过一年,在附近的宝极观小学念书。

丰子恺皇亲巷的"行宫",位置在现杭州拱墅区。

如今,拱墅区皇亲苑的一幢老房子外立面上,有一幅巨型丰子恺式墙绘。这幅巨型墙绘根据丰子恺所画的《儿童散学归来早,忙趁东风放纸鸢》场景绘制,周边就是1800平方米的皇亲苑社区文化广场,从早到晚都有不少

1948年，丰子恺与家属共13人在杭州湖畔小屋　　（丰子恺曾外孙丰睿提供）

居民在这里休憩、玩耍、锻炼身体。除了皇亲苑4幢的外立面，还有余官巷、仓柱弄、皇亲巷的道路两旁，都有丰子恺元素的墙绘。

1934年，丰子恺在杭期间，就居住在皇亲巷9号。在这里，他创作了《钱塘江看潮》《半篇莫干山记》《山中避雨》等佳作，丰子恺的画作和文化精神影响着社区的一代代居民，给社区文化注入了鲜明特色与深厚底蕴。

据《杭州日报》报道，皇亲苑社区文化家园以丰子恺的美育思想为主线进行打造，包括健身空间、培训场所、展陈场所等活动空间400余平方米。

三

1947年到1948年，丰子恺在杭州湖畔小屋住了一年半，他没有担任任何工作。

其实，在上海时，他曾答应友人到杭州后去浙江大学教书，但一看到春光明媚的西子湖，心就闲散起来，不愿再受束缚，于是"临阵脱逃"，依旧过他的赋闲生活，靠卖画、写稿勉强度日。

那时，丰一吟和弟弟还在读书，丰子恺夫人一直是家庭妇女。这一家人就靠丰子恺一个人赚钱养活，还得招待客人。杭州离故乡很近。乡亲们频频来访，他们管丰子恺叫"娘舅"。这位"众家娘舅"很好客，尤其到了朝山进香的时节，家里为款待一批批客人吃饭甚至住宿，忙得不亦乐乎，家中充满欢乐的气氛。丰子恺还用苏东坡的句子写了一副对联："酒贱常愁客少，月明都被云妨。"

在杭州，丰子恺下决心装了全口假牙。他50岁时，思路还像年轻人一样敏捷，牙齿却已七零八落，只剩下17颗。是老友许钦文因在青年牙医易昭雪那儿拔过牙，便介绍丰子恺也去拔。这一拔，拔出一篇文章来，叫作《口中剿匪记》。当时时局已渐混乱，官吏贪赃枉法、为非作歹，物价上涨，民不聊生。丰子恺在文章中把作祟的牙齿比作"匪"："不过这匪不是普通所谓'匪'，而是官匪，即贪官污吏……"

这个时期，丰子恺写了不少文章，画了不少画，可谓多产。到后来，生活越来越紧张，心情越来越郁结，他就画了很多反映时局的漫画，如《乱世做人羡狗猫》《屋漏偏遭连夜雨》《万方多难此登临》《再涨要破了！》等等。

1947年年终，他在《新年小感》的文末写道："……一年一度，这样的戏剧性狂欢……趣味丰富得很。可惜四十年来，因了政治不清明，社会组织不良，弄得民不聊生……我不想开倒车，回到古昔；我但望有另一种合于现代人生的新的节奏,新的变化,来调剂我们生活的沉闷……人生的幸福可由自己制造出来。物极必反,人生苦到了极点,必定会得福。好比长夜必定会天亮一样。新年之乐的蜡烛已经快点完了。不要可惜已经点去的部分,还是设法换一支新的更长大的蜡烛;最好换一盏长明灯,光明永远不熄。"

1948 年的某一天晚上,老友郑振铎来访。阔别十年,在杭州重逢。"今夕复何夕,共此灯烛光!"虽然都已酒醉饭饱,但还是草草杯盘,洗盏更酌。

因为这一场夜饮,丰子恺写了一篇《湖畔夜饮》。如果说,论西湖诗词,首推苏东坡《饮湖上初晴后雨》"水光潋滟晴方好,山色空蒙雨亦奇。欲把西湖比西子,淡妆浓抹总相宜",那么,论散文,《湖畔夜饮》当居前茅。

如果论酒后创作,二者可以并列第一。

这一篇《湖畔夜饮》的绝妙,还是有意思。一开篇就很有意思:

> 前天晚上,四位来西湖游春的朋友,在我的湖畔小屋里饮酒。酒阑人散,皓月当空。湖水如镜,花影满堤。我送客出门,舍不得这湖上的春月,也向湖畔散步去了。柳荫下一条石凳,空着等我去坐。
>
> 我就坐了,想起小时在学校里唱的春月歌:"春夜有明月,都作欢喜相。每当灯火中,团团清辉上。人月交相庆,花月并生光。有酒不得饮,举杯献高堂。"觉得这歌词,温柔敦厚,可爱得很!又念现在小学生,唱的歌粗浅俚鄙,没有福分唱这样的好歌,可惜得很!回味那歌的最后两句,觉得我高堂俱亡,虽有美酒,无处可献,又感伤得很!三个"得很",逼得我立起身来,缓步回家。不然,恐怕把老泪掉在湖堤上,要被月魄花灵所笑了。

以前语文老师教作文,老强调情景融合,我老是不明白,看了丰子恺散文，才有点儿开窍。

　　我肚里的一斤酒，在这位青年时代共我在上海豪饮的老朋友面前，立刻消解得干干净净，清清醒醒。我说："我们再吃酒！"他说："好，不要什么菜蔬。"

　　窗外有些微雨，月色朦胧。西湖不像昨夜的开颜发艳，却有另一种轻颦浅笑，温润静穆的姿态。昨夜宜于到湖边步月，今夜宜于在灯前和老友共饮。"夜雨剪春韭"，多么动人的诗句！可惜我没有家园，不曾种韭。即使我有园种韭，这晚上也不想去剪来和CT下酒。因为实际的韭菜，远不及诗中的韭菜的好吃。照诗句实行，是多么愚笨的事呀！

虽然各自都有一斤酒下肚，但老友相见，不必多说，再干一杯，这种老友记的率真，让人倍感温暖。

　　女仆端了一壶酒和四只盆子出来，酱鸭，酱肉，皮蛋和花生米，放在收音机旁的方桌上。我和CT就对坐饮酒。收音机上面的墙上，正好贴着一首我写的数学家苏步青的诗："草草杯盘共一欢，莫因柴米话辛酸。春风已绿门前草，且耐余寒放眼看。"有了这诗，酒味特别的好。我觉得世间最好的酒肴，莫如诗句。而数学家的诗句，滋味尤为纯正。

　　因为我又觉得，别的事都可有专家，而诗不可有专家。因为做诗就是做人。人做得好的，诗也做得好。倘说做诗有专家，非专家不能做诗，就好比说做人有专家，非专家不能做人，岂不可笑？因此，有些"专家"的诗，我不爱读。因为他们往往爱用古典，蹈袭传统；咬文嚼字，卖弄玄虚；扭扭捏捏，装腔作势；甚至神经过敏，出神见鬼。而非专家的诗，倒是直直落落，明明白白，天真自然，纯正朴茂，可爱得很。樽前有了苏步青的诗，桌上酱鸭，酱肉，皮蛋和花生米，味同嚼蜡，唾弃不足惜了！

丰子恺对专家的评价，入木三分，"就好比说做人有专家，非专家不能做人，岂不可笑"，看看今天很多专家，也让人忍俊不禁。

最有意思的是结尾处。

丰子恺想起二十年前郑振铎请他吃西餐的情景，吃完之后郑振铎问他带钱了没，丰子恺以五元结账，结果第二天郑振铎拿来十元要还。两人推让之余，拿这十元又请了一群朋友吃酒。

最后湖畔夜饮酒酣兴尽而归，因为下雨，走时给郑振铎拿了一把伞，丰子恺风趣地写道："他明天不要拿两把伞来还我！"

两人的交谊颇有魏晋之风——相交莫逆而又其淡如水，郑振铎有孟浩然"待到重阳日，还来就菊花"的真诚与洒脱，丰子恺有"百事尽除去，唯余酒与诗"的风雅与淡然。

人生得一知己足矣！

湖山间有这样的丰子恺，西湖难怪那么有意思。

金庸的杭州江湖

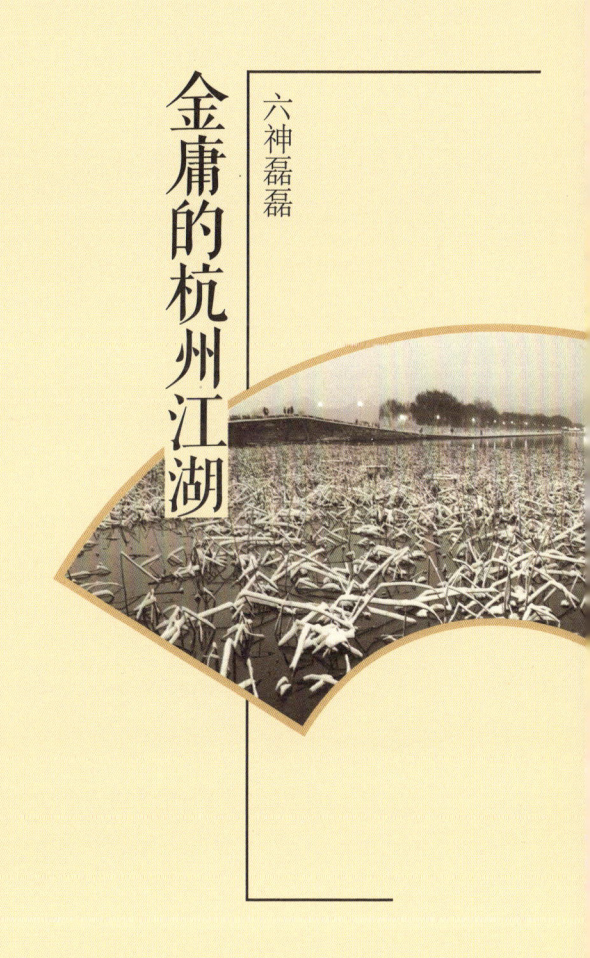

六神磊磊

一

2005年我第一次到杭州时，雨蒙蒙的，第一印象就是出租车很好，那年头就至少是帕萨特之类。

我要去武林广场，随口问的哥："咱们会路过西湖吗？"他面无表情地说"会的，你等着看吧。"

他带着我穿过了一条很长很长的隧道，眼看快到广场了，也没见什么湖。我问："西湖呢？"的哥惊讶地说："哎呀，你不知道？刚才那个隧道顶上就是西湖。"

没错，那一瞬间我想起了《笑傲江湖》——任我行被东方不败关在西湖底下的黑牢里，后来去找人家算账，东方不败无辜地说："我让你在杭州西湖颐养天年，常言道，上有天堂，下有苏杭。"

从此，那个冷幽默的杭州的哥，就成为我对这座城市的最深印象，一直抹不掉了。

有人说，六神磊磊具备一种把一切现实放置进金庸小说的能力：乘的士穿过西湖隧道时，他脑子里呈现的是《笑傲江湖》中西湖之下囚禁任我行的地牢。

好像是这样。特别是在杭州。

杭州是金庸作品中出现频次最高的城市，杭州的钱塘江和西湖，也暗合了金庸笔下的江湖。

所以，在杭州，作为一个职业金庸迷，经常会触碰到神经。

二

金庸本可以算是半个杭州人。他本名查良镛，1924年3月10日出生于浙江海宁袁花镇。这时候的海宁还属于杭州管辖，要等到1935年之后，海宁才归嘉兴。

1946年，金庸22岁，迎来了人生第一份长期正式工作，进入杭州众安桥的东南日报社供职。他与东南日报社签的"东南日报社职工保证书"至今仍然在浙江省档案馆保存着。

这时候的金庸名义上是"外勤记者"，实际工作主要是负责收听英语的国际新闻广播，翻译和编写国际新闻稿。当时的报馆还没有必要的录音设备，国际新闻稿基本只能凭借个人收听、记录和翻译。

工作之余呢，杭州的湖光山色、文化古迹也同样吸引着金庸，许多庙宇、亭台都留下过金庸的足迹。

他经常和友人、同事到天香楼喝陈年花雕，以鲥鱼佐酒，也经常流连湖上，去过吴山的月下老人祠，多年后他还能记诵月下老人祠的那副对联："愿天下有情人，都成为眷属；是前生注定事，莫错过姻缘。"

像柳永写杭州"有三秋桂子，十里荷花"的词，是金庸自小就熟悉的，后来在《射雕英雄传》里，金庸就让歌者将这阕词咿咿呀呀地唱给郭靖、黄蓉听。

还有杭州贡院有一副清代学者阮元撰的对联："下笔千言，正桂子香时，槐花黄后；出门一笑，看西湖月满，东浙潮来。"这也是金庸小时候就会背的。他说："每次学校大考或升学考试，紧张一番而交卷出场时，心头轻松之余总会想到它。"

杭州不仅给予过金庸学业和工作，也给予了他姻缘。金庸有过三段婚姻，第一位夫人叫杜冶芬。

据说在《东南日报》工作期间，金庸除译写国际新闻稿外，还编过一个《咪咪博士答客问》专栏。这是一个游戏性质的幽默专栏。

比如，问："世界上最大的水力是什么？"他答："女人的眼泪。"这种回答其实倒很有古龙的风格。

又比如，有读者问："春日和夏日形状有何分别？"他便答："春日是'高'的，夏日是'长'的，有诗为证，白居易的诗'春宵苦短日高起'，唐文宗李昂的诗'人皆苦炎热，我爱夏日长'。"

有一次《咪咪博士答客问》栏目遇到这样一个问题："买鸭子时需要什么特征才好吃？"身为"咪咪博士"的金庸便回答："颈部坚挺结实表示鲜活，羽毛丰盛浓厚，必定肥瘦均匀。"

有一个叫杜冶秋的少年却不服气，写信质问："南京板鸭一根毛都没有，怎么竟那么好吃？""咪咪博士"金庸便回他："阁下所言甚是，想来一定是个非常有趣的孩子，颇想能得见一面，亲谈一番。"杜冶秋遂回信："天天有空，欢迎光临。"

就这样，金庸登门拜访杜冶秋，随之邂逅了杜冶秋的姐姐，时年17岁的杜冶芬。第二天，金庸再度登门，送了几张戏票，请杜家人观赏郭沫若编剧的《孔雀胆》。

金庸就此成了杜家常客，并且与杜家小姐杜冶芬相恋，后来成婚。

据杜冶秋说，金庸后来写影评、编剧本时用的"林欢"的笔名，就是纪念二人当时的幸福生活。其中，"林"是因为金庸的姓"查"和杜冶芬的姓"杜"中都有一个"木"，双"木"在一块儿则为"林"；至于"欢"则是喻指他们当时情感恩爱欢乐。

1955年，金庸开始写武侠小说。他笔下的人物一次次来到杭州，似乎在替他完成未尽兴的旅行。

三

金庸笔下，杭州很美。

《射雕英雄传》第二十三回：洪七公、周伯通、郭靖、黄蓉来到临安，"四

断桥残雪 （马立群摄）

人自东南候潮门进城，径直来到皇城丽正门前，放眼望去，但见金钉朱户，画栋雕栏，屋顶尽覆铜瓦，镌镂龙凤飞骧之状，巍峨壮丽，光耀溢目"。皇城就建在凤凰山上。

说话之间，来到湖边的断桥。那"断桥残雪"是西湖十景之一，这时却当盛暑，但见桥下尽是荷花。黄蓉见桥边一家小酒家甚是雅洁，道："去喝一杯酒瞧荷花。"郭靖道："甚好。"两人入内坐定，酒保送上酒菜,肴精酿佳,两人饮酒赏荷,心情畅快。

在郭靖、黄蓉的视线里,杭州的郊外是"但见暮霭苍茫,归鸦阵阵,天黑之前是赶不进城的了,要待寻个小镇宿歇,放眼但见江边远处一弯流水,绕着十七八家人家",像一幅经典的江南山水画。

《书剑恩仇录》里的西湖:

  陈家洛也带了心砚到湖上散心,在苏堤白堤漫步一会,独坐第一桥上,望湖山深处,但见竹木阴森,苍翠重叠,不雨而润,不烟而晕,山峰秀丽,挺拔云表,心想:"袁中郎初见西湖,比作是曹植初会洛神,说道:'山色如娥,花光如颊,温风如酒,波纹如绫,才

六和塔下钱塘江　　（马立群摄）

一举头,已不觉目酣神醉。'不错,果然是令人目酣神醉!"

《倚天屠龙记》里的钱塘江:

又是夜色将至的六和塔,暮色将合未合,细雨扁舟,风情无限。钱塘江到了六和塔下转一个大弯,然后直向东流。该处和府城相距不近,张翠山脚下虽快,得到六和塔下,天色也已将黑,只见塔东三株大柳树下果然系着一艘扁舟。钱塘江中的江船张有风帆,自比西湖里的游船大得多了……

俞岱岩放眼东望,只见天边一道白线滚滚而至。潮声愈来愈响,当真如千军万马一般。江浪汹涌,远处一道水墙疾推而前,心想:"天地间竟有如斯壮观,今日大开眼界,也不枉辛苦一遭。"

杭州之盛,西湖之美,千百年的文化堆积足够丰厚,金庸笔下,也未必能胜过白居易苏东坡,但是,金庸高人之处,集中体现在《书剑恩仇录》和《笑傲江湖》中。

四

《书剑恩仇录》是金庸第一部武侠小说,那年他31岁,到香港还不是太久,这本书很大程度上反映了当时金庸的三观,以及他对杭州的认知。

小说以清乾隆年间红花会反抗清朝统治为背景,围绕乾隆皇帝与陈家洛二人间奇特的矛盾纠葛而展开。他俩既是有手足之情的兄弟,又是不共戴天的仇敌,一个是满族皇帝,一个是反清组织红花会的总会主。

红花会想利用乾隆的身世做文章,威逼利诱乾隆反清复明,第一次重大

西湖美景　　（周兔英摄）

行动就安排在杭州。

后来的事实证明，虽然在战略上必定失败——一个满族皇帝要冒着杀身之祸去改换门庭做汉人皇帝，除非脑子进水了——但战术上极其成功。

这一次行动，乾隆和陈家洛在杭州有三次交锋。

第一次偶遇在灵隐寺，第二次在西湖上，第三次在六和塔。

最精彩的当是西湖上夜会。

那一天晚上，"五艘船向湖心划去，只见湖中灯火辉煌，满湖游船上都点了灯，有如满天繁星。再划近时，丝竹箫管之声，不住在水面上飘来"。

乾隆皇帝和江洋大盗相会于西子湖上，很美，也很刺激。

接下去是西湖名妓玉如意出场：

乾隆见她脸色白腻，娇小玲珑，相貌也不见得特别美丽，只是一双眼睛灵活异常，一顾盼间，便和人人打了个十分亲热的招呼，风姿楚楚，妩媚动人。跟人送上琵琶来，玉如意轻轻一拨，唱了起来，唱的是个《一半儿》小曲："碧纱窗外静无人，跪在床前忙要亲，骂了个负心回转身。虽是我话儿嗔，一半儿推辞一半儿肯！"陈家洛拍手叫好。乾隆听她吐音清脆，俊语连翩，风俏飞荡，不由得胸中暖洋洋地。

乾隆生长深宫，宫中妃嫔歌女虽多，但都是端庄呆板之人，几时见过这般江湖名妓？见她眉梢眼角，风情万种，歌声婉转，曲意缠绵，加之湖上阵阵花香，波光月影，如在梦中，渐渐忘却是在和江洋大盗相会了。

接下去是一番刀光剑影。

首先是文斗。

西湖夜景　　（黄曙林摄）

陈家洛道："唐太宗道：'舟所以比人君，水所以比黎庶，水能载舟，亦能覆舟。'他又说：'天子者，有道则人推而为主，无道则人弃而不用，诚可畏也。'"乾隆默然。陈家洛道："这个比喻真是再好不过。咱们坐在这艘船里，要是顺着水性，那就坐得平平稳稳，可是如果乱划乱动，异想天开，要划得比千里马还快，又或者水势汹涌奔腾，这船不免要翻。"

他在湖上说这番话，明摆着是危言耸听，不但是蔑视皇帝，说老百姓随时可以倾覆皇室，而且语含威胁，大有当场要将皇帝翻下水去之势。

乾隆一生除对祖父康熙、父亲雍正心怀畏惧之外，几时受过这般威吓奚落的言语？不禁怒气潮涌，当下强自抑制，微微笑道："荀子曰：'天地生君子，君子理天地。君子者，天地之参也，万物之总也，民之父母也。'帝皇受命于天，率土之滨，莫非王臣。仁兄之论，未免有悖于先贤之教了。"

陈家洛举壶倒了一杯酒，道："我们浙江乡贤黄梨洲先生有几句话说道，皇帝未做成的时候，'荼毒天下之肝脑，离散天下之子女，以博我一人之产业。其既得之也，敲剥天下之骨髓，离散天下之子女，以奉我一人之淫乐，视如当然，曰：此我产业之花息也。'这几句话真是说得再好也没有！须当为此浮一大白，仁兄请！"说罢举杯一饮而尽。

然后是武斗。
湖上兔起鹘落，乾隆手下三名武艺最高的侍卫都被打得狼狈万状。

红花会大获全胜：

  数百艘小船前后左右拥卫，船上灯笼点点火光，天上一轮皓月，都倒映在湖水之中，湖水深绿，有若碧玉。陈家洛见此湖光月色，心想："西湖方圆号称千顷。昔贤有诗咏西湖夜月，云：'寒波拍岸金千顷，灏气涵空玉一杯。'丽景如此，诚非过誉。"

现在杭州西湖湖心亭有一块石碑，上有乾隆手书"虫二"。传说当年乾隆下江南，夜游湖心亭，被美景吸引，便题下了"虫二"二字，寓意"风月无边"。这两个字取自繁体字"風月"二字的中间部分，把外框去掉，变成"虫二"。

乾隆和陈家洛的西湖会，端的是风月无边，而西湖的硬核，也是风月无边。

明末清初作家张岱在《西湖梦寻》中，专就湘湖、鉴湖、西湖三个湖作比较："余以湘湖为处子，眼娗羞涩，犹及见其未嫁之时；而鉴湖为名门闺淑，可钦而不可狎；若西湖则为曲中名妓，声色俱丽……故人人得而艳羡……"

金庸笔下这场风月无边的西湖会，有美景、美女、美酒，就像张岱所言"声色俱丽"。

但仅仅如此，还是小看了金庸。

袁枚有一首写西湖的诗脍炙人口，其中称赞了两位西湖名人："江山也要伟人扶，神化丹青即画图。赖有岳于双少保，人间始觉重西湖。"

西湖有今天，不是仅仅拼颜值。她很奇妙地把风月无边和壮怀激烈一点儿也不违和地融化在一起，这很罕见。

现在西湖边，有"三十功名尘与土，八千里路云和月"的岳王之庙，有

"粉身碎骨浑不怕，要留清白在人间"的于谦之祠，有"拼将十万头颅血，须把乾坤力挽回"的秋瑾之墓，也有"何处结同心，西陵松柏下"的苏小小之坟。

在这一次西湖会中，我们也可以看见"三十功名尘与土，八千里路云和月""粉身碎骨浑不怕，要留清白在人间""拼将十万头颅血，须把乾坤力挽回"，可以看见西湖版的"侠之大者，为国为民"。

当然，也看见了苏小小、玉如意。

这就是金庸的高明之处。

五

从种种迹象能看出，金庸似乎属意过杭州作为归隐之地，不止一次表露过在杭州居住乃至终老的意思。1993年3月31日，金庸对《明报》记者说："以前我讲过，退休之后希望在杭州有一间房子……到这里定居，做学问，会朋友。"

《笑傲江湖》中令狐冲最后的选择，似乎也带有作者自己的影子。

《书剑恩仇录》中的陈家洛，《笑傲江湖》中的令狐冲，一个出身名门，一个出身平民，一个抱负远大，一个听从内心，而西湖，在前者是家国情怀和宏图大业的场景，在后者则是喜结良缘和退隐江湖的佳处。

从《书剑恩仇录》到《笑傲江湖》，少年英雄江湖老，金庸的三观，似乎有了更多人性的考量，对于人性的光芒和幽暗、复杂与单纯，有了更加立体的认知。这也是《笑傲江湖》在金庸作品中更有高级感的原因。

《笑傲江湖》中令狐冲、任盈盈最后选定的隐居之所，既不是女方家的黑木崖，也不是男方家的华山，二人偏偏选了西湖孤山梅庄，在此琴箫遣怀、书酒消忧。

令狐冲第一次来西湖梅庄，是和向问天前来搭救任我行：

向问天一笑，纵马来到一个所在，一边倚着小山，和外边湖水相隔着一条长堤，更是幽静。两人下了马，将坐骑系在河边的柳树之上，向山边的石级上行去。向问天似是到了旧游之地，路径甚是熟悉。转了几个弯，遍地都是梅树，老干横斜，枝叶茂密，想象初春梅花盛开之日，香雪如海，定然观赏不尽。穿过一大片梅林，走上一条青石板大路，来到一座朱门白墙的大庄院外，行到近处，见大门外写着"梅庄"两个大字，旁边署着"虞允文题"四字。

在庄内，有品种繁多、价格昂贵的美酒可以随意品尝，有大内御厨调理的佳肴以供口腹，有雅致的书房、琴室和棋室以供娱乐，天井里种着的老梅，枝干如铁，营造出清幽典雅的氛围。江南四友在这碧湖梅林之中，品茗饮酒，泼墨作画，挥毫写字，调弦抚琴，棋枰对弈，眼福、口福、身福、心福，都如愿以偿，真正享尽了清福。

这大概也是金庸向往的生活。

三年后某日，杭州西湖孤山梅庄挂灯结彩，陈设得花团锦簇，这天正是令狐冲和盈盈成亲的好日子。

……行罢大礼酒宴过后闹新房时，群豪要新郎、新娘演一演剑法。当世皆知令狐冲剑法精绝，贺客中却有许多人未曾见过。令狐冲笑道："今日动刀使剑，未免太煞风景，在下和新娘合奏一曲如何？"群豪齐声喝采。当下令狐冲取出瑶琴、玉箫，将玉箫递给盈盈。盈盈不揭霞帔，伸出纤纤素手，接过箫管，引宫按商，和令狐冲合

孤山梅花 （江志清摄）

奏起来。

  两人所奏的正是那《笑傲江湖》之曲。这三年中，令狐冲得盈盈指点，精研琴理，已将这曲子奏得颇具神韵。……群豪大都不懂音韵，却无不听得心旷神怡。

  一曲既毕，群豪纷纷喝采，道喜声中退出新房。喜娘请了安，反手掩上房门。

  突然之间，墙外响起了悠悠的几下胡琴之声。令狐冲喜道："莫大师伯……"盈盈低声道："别作声。"

  只听胡琴声缠绵宛转，却是一曲《凤求凰》，但凄清苍凉之意终究不改。……令狐冲心下喜悦无限:"莫大师伯果然没死,他今日来奏此曲,是贺我和盈盈的新婚。"琴声渐渐远去,到后来曲未终而琴声已不可闻。

梅庄之名,无疑来自中国著名隐士林和靖。林和靖隐居西湖孤山,终生不仕不娶,唯喜植梅养鹤,自谓"以梅为妻,以鹤为子",人称"梅妻鹤子"。

林爱梅成痴,写下"疏影横斜水清浅,暗香浮动月黄昏"的名句。

现在,杭州孤山依然是赏梅佳处,每年冬春,孤山沿湖的山坡上梅花绽放,红粉一片,如烟如霞,观之忘忧。遇到或雨或雪的天气,赏梅就更有意趣。轻风吹过,白雪红梅,枝头轻摇,雪和梅一样欲坠不坠,姿态蹁跹。风雪过处,落红无数,亦是好景致。

金庸在杭州,也有一个"梅庄",便是在西湖和北高峰之间的云松书舍。

横匾"云松书舍"四字由汪道涵题名,左右分别是金庸亲笔手书的对联,"飞雪连天射白鹿,笑书神侠倚碧鸳",14字囊括了金庸《笑傲江湖》等14部武侠小说。

书舍回廊壁上刻有金庸15部小说壁画,从靖哥哥、俏黄蓉到乔帮主、令狐冲、韦小宝、陈家洛,一应俱全,栩栩如生。

云松书舍是苏州园林格局,白墙乌檐、亭台楼阁、水榭池塘一应俱全,一进是会客厅耕耘轩,二进是书斋赏心斋和主楼松风明月楼,其间以回廊相连,回廊又缀以不同花式的窗框,从每一窗框下走过,可观赏不同景观,有的是萧萧竹林,有的是茂密的桂、苍劲的松。

书舍中间是一个天井。一边墙上镶着一方大青石,刻《云松书舍碑记》,介绍了书舍的修建过程:书舍于1994年10月奠基,1996年6月竣工,总面积3200平方米,建筑面积1100平方米,共花费人民币1400万余元,为金庸先生所出。金庸修建云松书舍的初衷为"以供藏书写作和文人雅集之用"。

据金庸好友张浚生生前透露，1996年云松书舍建成后，金庸觉得书舍建得太美满了，又在西子湖畔，不应由他一人独享，应公诸同好，让普通人都能分享美景，所以决定将云松书舍无偿捐赠给杭州市，杭州市政府也曾对金庸的高风亮节予以表彰。

就在1996年11月5日捐赠仪式后，那一晚金庸夫妇和张浚生夫妇入住云松书舍松风明月楼，下棋写字，品茗畅谈，第二日即飘然离去，此后再没有入住书舍。

真是大侠风范。

未完成的六和塔『瘦身』计划

章咪佳

1934 年 10 月，杭州最好的深秋时节，梁思成、林徽因先生来到杭州小住了十天。

他们不是来度假的，相反，时年 33 岁的梁思成先生忙得不可开交。1931 年年底起，梁先生担任营造学社法式部主任，从此开始了破译《营造法式》的漫长旅程：

1932 年，他调查了大量北平的古建筑，初步廓清了清代建筑的基本营造法则，完成《清式营造则例》，并于 1934 年初出版此书；

1932 年，调查天津蓟县独乐寺观音阁和山门，以及天津宝坻广济寺；

马不停蹄，1933 年开始拓展调查范围，年初，先后访查了正定开元寺、隆兴寺、天宁寺等；

1933 年 9 月，调查了云冈石窟，同时调查了大同辽金建筑群华严寺与善化寺，以及世界现存最高的木结构古建筑——山西应县木塔；

1934 年，考察晋西南，如太原晋祠及赵城广胜寺等。

匀到每一天的日程安排，几乎是要与日同辉进行考察工作。所以，包括梁先生在内的营造学社全体成员，当时尚没有精力顾及为数更少的南方古建筑。

目前在华夏大地上遗存的古建筑，北方居多，与北方是中华文明发祥地、气候干燥利于木构建筑保存、经济逐步衰落导致后世无力重建都有关系。

梁先生夫妇这趟怎么会跑到杭州来？他们是应当时浙江省建设厅厅长曾养甫先生之约，到杭州商讨六和塔重修计划。

曾养甫先生为什么要复原六和塔呢？因为他觉得，这座塔难看。

矮肥的塔

（一）

"难看"这个说法，稍后再细说。

先要说说曾先生是什么样的人物——工程师出身，曾在1923年赴美国匹兹堡大学留学；1925年，中断学业回到广东，加入国民革命。这位能力全面的高级知识分子，后来迅速被民国政府任命为高官。1929年，他的任职是浙江省建设厅厅长。

在此任上，曾养甫主持修筑了浙赣铁路。在这个过程中，他萌生了建造

六和塔　（章咪佳提供）

钱塘江大桥的想法。后来的故事大家比较熟悉，曾先生请来赫赫有名的茅以升先生，领导设计、修建了这座铁路公路两用桥。

钱塘江大桥开工仪式，是在1934年11月。梁思成先生正是在此前一个月被曾养甫请到杭州来的。

事情确实和钱塘江大桥有关联。

在考察钱塘江大桥北部口的选址时，曾养甫定点为古代的龙山渡口（今之江路和钱塘江大桥交叉点）位置，这是自古以来的一处交通要道。曾先生也是在这里调研时发现边上的六和塔木构已经残破，需要重修。

所以他筹集好了资金，要请当时最著名的古建筑专家梁思成先生亲自来设计六和塔的维修方案。

（二）

梁思成先生留下的文字可以作为他们当时对六和塔评价的佐证——在1935年发表的《杭州六和塔复原状计划》开篇，梁先生就毫不客气地说："觉得六和塔的现状，实在是名塔莫大的委屈；使塔而有知，能不自惭形秽？"假如六和塔有意识，它自己都会感到不好意思。

没有说完，讲六和塔当时的状况，梁先生继续"吐槽"："现在在钱塘江边，或自江上，远远就可以望见肥矮十三层檐全部木身的六和塔。"原来问题是身材不好。

梁先生还要把主要责任人揪出来："这全国人民所习见的塔影，就是清光绪二十六年（1900年）朱智重修的结果。"

（三）

之所以光绪时期杭州人朱智对六和塔所做的工作是叫"重修"，是因为六和塔几经变故。最初是在开宝三年（970年），由吴越王主持建造，以镇钱塘江潮。

据说自从六和塔在此坐镇以后，钱塘江大潮自然改道而行。

这座原本有九层的八面塔（推测可能是纯木构塔），在宣和年间被方腊起义军烧毁。

南宋绍兴二十三年（1153年）开始，官方组织重建六和塔。这座砖身木檐塔有七层，南宋的砖身保留至今。

到明清时代，六和塔木构又几经毁坏、再建，最终由光绪年间的钱塘籍官员朱智主持重修，增添了目前的外檐木构。

所以，曾养甫先生当时邀请梁思成夫妇过来，是来做六和塔重修。梁先生经过考察，改重修方案为"六和塔复原状"计划。所谓"复原"，指的是恢复南宋时期那次重建六和塔外围木构的状貌。

一方面，最初吴越国时期六和塔的木构建筑样貌已经无法考证还原；另一方面，南宋那次营建的塔样，梁先生已经有把握再现。

梁先生的愿望也很迫切，他觉得，"钱江铁桥，北岸桥头就在（六和）塔下里许，将来过江来杭的旅客，到这岸所得第一个印象，就是这塔，其关系杭州风景古迹至为重要。所以我以为不修六和塔则已，若修则必须恢复初建时的原状，方对得住这钱塘江上的名迹"。

"曾先生对于我的建议很赞同。"正是二位达成的这一审美共识，促成了梁思成夫妇1934年秋天的杭州行。

这也是营造学社的古建筑调查工作第一次到达江南。这次考察，梁思成、林徽因先生和后来加入营造学社的另一名成员刘致平先生一起，考察了杭州的六和塔，测绘了闸口白塔和灵隐寺双石塔。梁思成夫妇又专程前往宣平（今武义）调查了陶村延福寺，还在回杭途中发现并测绘了金华天宁寺里的一座元代大殿。

官式的建筑

（一）

当年梁思成先生回到北京后不久，就根据资料做好了六和塔复原状计划，其中包含他手绘的六和塔复原状图（立面、断面、七层以及屋顶平面层）。

2020年11月9日，我拿着复原图去探访六和塔，带我解读六和塔的专家，是浙江省博物馆的魏祝挺。

魏祝挺在浙江大学取得两个硕士学位，一个日本文学方向，一个考古方向。后一个学位的导师，是浙江大学文化遗产研究院文物数字化团队的负责人、古建筑专家李志荣教授。魏祝挺专门研究塔幢建筑，曾经在中国、日本考察了大量的古建筑。

从之江路一直往西走向六和塔，到最后一个红绿灯三岔口时，我们仰头就能清晰地见塔屹立。

不知道是幸运还是不够幸运，梁思成先生当年嫌弃难看的塔，正是我们如今能够看到的这座六和塔。

曾先生、梁先生的观点，很大程度上，可能是基于有一定古建筑素养的学者的审美认知。与南宋营建的六和塔木檐相比较，清光绪版本在继承中国古建筑形制规范上相形见绌。

比如，我在这个路口看到的是直上青云的塔上半部分，下半部分掩映于林木中。但是，有一个疑问：清代重修的六和塔，明确记载是八角形七层塔，而我数数肉眼能看到露出来的塔身部分，已经有七层了。

我没有数错，直至走到六和塔脚跟底下再数，全塔共有十三层。怎么回事？

魏祝挺解释说，我们所看见的十三层木檐，其实是一个外壳。十三层之中，有"七明六暗"，"六暗"——今天所见到塔外观六层偶数层，是走不进

日本学者常盘大定1922年拍摄的六和塔
图源:《中国文化史迹》（章咪佳提供）

去的，里头就只有七层。

南宋时建造这座砖身木檐塔的做法是：忠实地模仿古代纯木塔的结构。中国楼阁式木塔的每一层，都有基座（一层为台基，以上称平坐）、屋身和腰檐。

屋身和檐的结构不难理解。每层的平坐，相当于现代建筑中的阳台——当时人们登塔可以在此凭栏远眺。

但是清朝时重修，把"阳台"全都包起来了——还"包"成了假楼层的样式——给平坐层也加了屋檐。这下外围看起来就多了六层楼。

这件事，梁先生在文章里说："国人所习见的六和塔竟是个里外不符的虚

六和塔内部如华美乐章一般的南宋斗拱结构　　（浙江省博物馆志愿者朱泽昀摄）

伪品，尤其委屈冤枉的是内部雄伟的形制，为光绪年间无智识的重修所蒙蔽。"

清朝这种操作，在梁先生看来是违规的。

（二）

那么规范是怎么样的？南宋的六和塔为什么是学界公认的标准？

走进六和塔最下层时，魏祝挺特别讲了中心室位置的一块碑。这块南宋时期的《尚书省敕赐开化寺牒碑》，其实记录了批准建造六和塔的一套"办公流程"——

南宋绍兴二十二年（1152年），六和塔所处的开化寺的住持智昙发愿重建六和塔。他逐级向上打报告后,圣旨发下三省,令礼部审阅,临安府和两浙路转运司筹备,终于在绍兴二十六年(1156年)得到批准开工。

这座官方敕建的大塔,怎么来批拟这项工程的经费以及用工、用料?当然是采用《营造法式》所规定的标准。

"北宋神宗至徽宗朝官方编纂出版的《营造法式》,是关于建筑设计与施工的专著。相当于是一个建筑法规,对建筑计划、工程造价这些建筑规范作了详尽的说明,可以避免贪污和浪费。"魏祝挺说。此时的南宋,严格承袭了北宋的这项营造规章。

事实上,《营造法式》虽为北宋官方编纂,实际上描述的是江南风格的建筑。一方面,北宋建筑受到以喻皓为首的吴越国建筑匠师的影响;另一方面,

塔中南宋砖雕　(魏祝挺摄)

王安石变法后起用的大量官员都是南方人，当时参与北方营建的匠人有很多南方人，建筑工艺也带有强烈的南方特点。

七年后的隆兴元年（1163年），六和塔即将落成，尚书省特予表彰，并札付临安府、钱塘县、仁和县、开化寺及智昙本人。"这也证明了六和塔是官方式样的塔。"

（三）

古人评点杭州古塔时，曾云雷峰塔如老翁、保俶塔如少女，而六和塔如将军。

南宋时的六和塔，实至名归。塔长得精神抖擞。按照梁先生的考证，南宋时六和塔平坐的宽度为1米（上层略减）。

但在清朝的重修版本里，同样59.89米的塔高，每层廊的深度扩出去有2米左右（上层减缩）。"将军"就显得臃肿了。

"将军"昔日何等英武？梁先生画在六和塔复原图里了。

在《杭州六和塔复原状计划》的《原状之推测》章节里，梁先生有多处表述"不难""有把握"："以我们现在对于古建筑的智识，要推测六和塔的原形，尚不算是很难的事。"

"梁先生以六和塔本身（砖芯）内部的斗拱柱额为根据，再按法式去推求，并且参以与六和塔同时类似的实物为考证，所以他对于恢复六和塔原形，不感到困难。"

86年后我们登临六和塔，在魏祝挺的指导下，我看见塔内组合丰富的万千斗拱铺作，每一层楼，类似古罗马大角斗场叠柱式那种富于变化的造型。

逐层往上攀登，木塔的外柱一点一点缩进，铺作数量逐步递减，整体形成了自下而上微妙的尺度变换。

这层层不同的布局，富于变化，又构成和谐的整体。人站在里头所获得

张侯权先生在 20 世纪 80 年代拍摄的六和塔与钱塘江　　（章咪佳提供）

的多维感受，宛如聆听一部引人入胜的交响曲，每一处结构都是其中的华彩乐章。

探访过程中，魏老师跟我说了好几回："珍惜登塔的机会。"

未完成的计划

可惜在历史上，这部交响协奏曲终没有完美形成。

世易时移，曾养甫厅长不久后即调任广东，六和塔没能配合钱塘江大桥的兴建而得到重修；而随着不久后抗战的爆发，梁思成先生的热忱也只能随着这些图纸沉寂在箱底。

2020 年 11 月 9 日，结束此次探访后，我们离开六和塔。在江堤边打车时，我抬头再看了一眼塔。正值夕阳西下，某个角度，顶部的塔刹在闪烁。

那部交响曲还在我脑子里演奏，那塔刹所处的顶层，就是乐章的高潮。

我们在六和塔顶层的时候，魏祝挺特别指给我看一处天窗的装置："那是通向屋顶的口子。"屋顶上的天地啊，会是百鸟齐鸣，一目千里。

但是古建筑的考察工作，哪里有这么浪漫。

梁先生作复原六和塔的设计时，参照了类似的实物。其中最为重要的一件建筑，是建于辽清宁二年（1056年）的山西应县木塔。1933年，梁先生带着营造学社的莫宗江等年轻成员，对这座古塔进行了测绘。

据莫宗江先生回忆："……最后把（应县）木塔中几千根的梁架斗拱都测完了，但塔刹还无法测。当我们上到塔顶时已感到呼呼的大风仿佛要把人刮下去，但塔刹还有十多米高，唯一的办法就是攀住塔刹下垂的铁链上去，但这百年前的铁链，谁知道它是否已经锈蚀断裂，令人望而生畏。但梁先生硬是双脚悬空地攀了上去。我们也就跟了上去，这样才把塔刹测了下来。"

历史学家傅斯年先生形容考古工作的名言讲"上穷碧落下黄泉，冻手冻脚找东西"，老先生们当年这番毫不犹豫地"上穷碧落"，真的搞不好就要"下黄泉"的。

梁先生当时还给莫先生拍了一张照片，紧张的莫先生只有一个脑袋入镜，咪咪小——梁先生不是为了给莫先生留影，他是要拍完整的塔刹特写。

梁先生这种风格的照片，也被林徽因先生抱怨过："在欧洲我就没有照一张好照片，你看看所有的照片，人都是这么一丁点，思成真可气，他是拿我当scale（标尺）。"

营造学社留下来的许多照片里，多是先生们的背影、侧面，而这些模糊的身影，却是这个民族的正面。

我有一个梦：孤山是座大博物馆

蔡琴

我在孤山上班。

由于工作单位浙江省博物馆就在孤山，我得以经常走读这座名山，或登眺，或凭栏。每一次往返，都会觉得杭州的人文精神就在这里寓言般汇合。

孤山是西湖最大的一个岛，东接白堤，西连西泠桥，山虽不高，山顶却是观赏西湖景色最佳之地。唐代诗人白居易有"孤山寺北贾亭西，水面初平云脚低"，说的就是这里。

孤山更是杭州人文精神的凝聚之处，它是一座文化堆积出来的山。孤山曾经是帝王的行宫，南宋理宗时在孤山南坡兴建了规模宏大的西太乙宫，大半孤山都被划为御花园。清朝康熙帝多次游西湖，在孤山大兴土木，建造行宫。乾隆多次驻足于此，雍正虽然没有来过杭州，却把行宫改为寺庙，取名圣因寺，与灵隐寺、昭庆寺、净慈寺合称为"西湖四大丛林"。

现在，整个孤山具有一馆——浙江省博物馆，一景——平湖秋月，三楼——青白山居、楼外楼、俞楼，一社——西泠印社，一泉——六一泉，一堤——白堤，三桥——西泠桥、锦带桥、断桥。

孤山不孤，它像是西湖山水画卷上的一方印章，没有它的题襟，西湖很难从浮色中冷却出来，软红万丈，终是太秾艳了一点儿，有了孤山，一切就正好了，稳稳地压住了西湖的春花秋月。的确，一边是密密匝匝的高楼，人流和车流充斥着每一条街道，跨过断桥或者西泠桥，那一边便是碧波环绕，花木扶疏，亭台楼阁，错落有致。

"昔传西湖比西子，但闻其名知其美。"由于祖父、父亲对江南的欣赏以及历代圣贤名儒对西子湖的钟情，青年时期的乾隆皇帝对西湖非常向往，只不过"未见颜色贵耳食"。清乾隆十六年（1751年），他终于启程了，浙江是他南巡行程的最南站。杭州地方官员为迎接他，提前一年在康熙行宫的基础上修建了乾隆行宫。乾隆皇帝到杭州，先住内行宫（现惠民路浙江省商业集团大楼北侧），再坐船出涌金门，到孤山圣因寺拜祭康熙牌位，当晚就宿在乾隆行宫。乾隆对行宫极为喜爱，此后五次南巡至杭州皆驻跸于此。

康熙行宫在今天浙江省博物馆的位置。康熙下江南，开始都住在太平坊杭州府行宫，后杭州府在孤山选址造了一座行宫。1705年，康熙第四次南巡杭州，就住在那里。后来即位的雍正皇帝不曾南巡，杭州的行宫久不使用，加之每年维护费用高昂，雍正五年（1727年），皇帝下诏将孤山上的行宫改为佛寺，赐名"圣因寺"，并亲笔题写了圣因寺匾额。这就是圣因寺行宫的来历。

乾隆行宫是在康熙行宫基础上扩建的，规模更大，包括孤山南麓中部、南临西湖的整体院落和借孤山地形建造的后苑园林。

根据杭州市文物考古研究所编写的《清西湖行宫遗址调查报告》，清朝乾隆西湖行宫及其后苑的范围大致为：南至西湖，北至孤山山脊，东至今浙江省博物馆，西面应包括今浙江图书馆孤山馆舍。行宫主体应包括文澜阁、中山公园和浙江图书馆孤山馆舍。

乾隆四十五年（1780年），乾隆第五次下江南，杭州人、著名画家关槐画了《大清乾隆朝西湖行宫图卷》（后文简称《行宫图卷》）。关于乾隆下江南的行宫图很多，但唯独这一次，乾隆在图卷上盖了御章，使此画更为珍贵。

全图用鸟瞰的形式，以写实画法描绘乾隆南巡时游览西湖行宫及各景点的具体方位，相当于现在的无人机拍摄的效果。同时，图上还标注了行宫至各景点的具体里程并配以内容丰富的图说。从《行宫图卷》上看，包括佛堂、看戏殿在内，孤山行宫共有房屋40进左右，这还不算山上的亭台楼阁，宫内的小广场、厢房、净房。

清行宫在太平天国时期被毁。现在的中山公园是清行宫的主要部分，皇帝办公、食宿、看戏，大都在中山公园所在地块上。

中山公园的大门，是从清代遗留下来的。门前的牌坊原题匾为"万福来

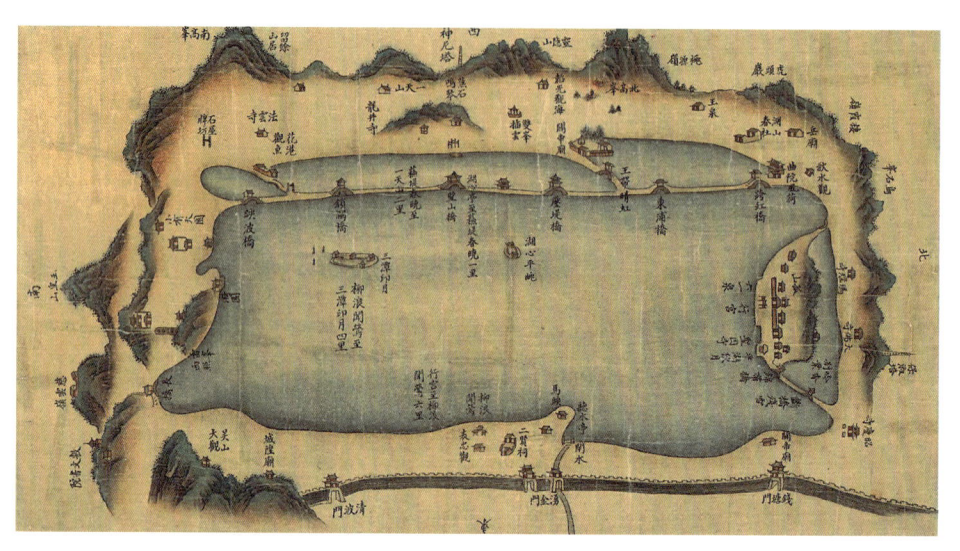

西湖博物馆藏《大清乾隆朝西湖行宫图卷》（局部）　　（浙江省博物馆提供）

朝"。当年，乾隆皇帝就是从这里开始坐船游湖的。民国初期牌坊题匾改为纪念孙中山先生的"光华复旦"，后被毁，2005年后重新修复。原牌坊上的"光华复旦"重修时被误写成了"复旦光华"，后修正。

根据《行宫图卷》，进门后是垂花门，垂花门两侧是抄手廊，再进去就是奏事殿，即皇帝办公的地方，通过中轴线上的甬道进入楠木寝殿，即乾隆下榻之地。

现在从中山公园进门约5米后，能看到石阶两侧的台基上有一些雕花。刻花已经模糊，但是稍稍留意还是可以找到。这里便是清行宫的垂花门。

考古专家还考证了楠木寝宫的位置——中轴线进门六七十米处，第三进。楠木寝宫室内地坪用的都是京砖，而台基和阶沿用青石建成。

《行宫图卷》上的净房离皇帝寝宫挺远。皇帝要穿过一进照房，然后才能到达净房，而净房紧紧靠着孤山。杭州文史学者丁云川考证，净房大概是皇帝

民国时期的中山公园正门　（浙江省博物馆提供）

民国时期的中山公园门前　（浙江省博物馆提供）

沐浴的地方。

不知道楠木寝宫里面是否有主卫？

楠木寝殿后面就是五进殿，民国时期在这里修筑了上孤山的台阶。台阶中间石壁上刻有"孤山"两个笔力雄健的大字，相传是宋人手迹。石壁两旁各立石亭一座，为20世纪30年代杭州市民纪念南洋华侨资助灾民而建。沿阶而上，便可见到"西湖天下景"亭，这是行宫唯一幸存下来的遗迹。亭上题词"西湖天下景"，两边柱子上刻着一副名联"水水山山处处明明秀秀，晴晴雨雨时时好好奇奇"，为民国时黄文中所题。

行宫里一共两座戏台，其中一座在皇帝寝宫西侧贴隔壁，叫"看戏殿"，大约在今天中山公园的公厕位置；另一座看起来在我上班的浙江省博物馆的中心位置。

《行宫图卷》左下角建筑标注着"阿哥所"字样，这个位置现在是浙江图书馆孤山馆舍的古籍部。而1906年，为迎接德国威廉皇太子访问杭州，政府在清代行宫中建红楼为其下榻之所，这座红楼就在当年的阿哥所，也真巧。

在通往行宫遗迹遗址的各条小路上，乾隆当年的足迹已经很难辨认了，可似乎又无处不在，无时不在。

画《行宫图卷》的关槐是杭州人，参与过《四库全书》的编纂。乾隆朝时杭州一带有关、汪、孙、赵四大富豪家族，关槐即出自其中的关家，他最重要的身份是翰林画家，因善画而供奉内廷，后来在京城任礼部侍郎。《行宫图卷》不仅完整地记录了行宫的布局和面貌，更是乾隆帝南巡游览西湖时御用的景点地图，是一份"干货满满"的西湖攻略，我们可以在画中看到200多年前的西湖大概是什么样子。关槐作为土生土长的杭州人，又是御用画家，由他来绘制这样一份地图，再合适不过了。

杭州西湖文化景观申请列入《世界遗产名录》，联合国教科文组织专家实地考察西湖时，专门考证过此图，实证了西湖景观在200多年的时间里保持了基本稳定的格局。

行宫自然不仅在于建筑规模。

常州博物馆藏张宗苍《西湖行宫八景图》则描绘了杭州西湖孤山行宫八景：四照亭、竹凉处、绿云径、瞰碧楼、贮月泉、鹫香庭、领要阁、玉兰馆。在画卷左上方有乾隆朝状元、重臣庄有恭敬书的御制诗八首。整幅画笔墨细致柔和，设色明快清润，把孤山行宫的亭台楼榭、曲径回廊、山翠欲滴描绘得淋漓尽致。

众所周知，在中国画所提供的纷繁文本里，风景画是最容易被忽略的段落，它往往与乏味、守旧的高级墙纸相等同，更何况这些地图性质的图像，总让人先入为主地产生烦冗沉闷、了无生趣、不堪卒读的偏见。但是，乾隆沉醉其间。远远地出现孤独的身影，孤山近在咫尺。再过去，坡石上，绿荫如烟云氤氤氲氲，悄然无声。回望湖面，浮动着一抹同样安静的山影，因为倒映在水中，更显清空、明洁，纤尘不染。他在冥想什么？在问什么？

他第一次南巡到杭州，就登上六和塔观看了钱塘江大潮。到第三次南巡，他还在海塘亲自监督工程，史料上记载"杭属塘工勘建、柴石料诸事宜，曾与封疆大吏目击手画"，先后耗资白银100余万两修筑钱塘江海塘，一生六下江南。他的千里江山之雄心壮志，遇到孤山时，变成了曲折低回的情绪，帝王的身份远了，他成了一位站在时间长河里感叹自然和生命的诗人，在孤山找到了自己的精神家园。

乾隆先后为孤山行宫题诗40首。

山脊绿云径上，有一组高约6米的太湖石假山。其侧面嵌有乾隆皇帝的四块诗碑，各题诗歌一首。其中一首："径纤探绝胜，森秀入苍云。苔迹时留印，樵斤未许闻。蒙蒙湿鹤毳，濯濯润螺纹。谢傅东山好，微嫌丝竹纷。"此

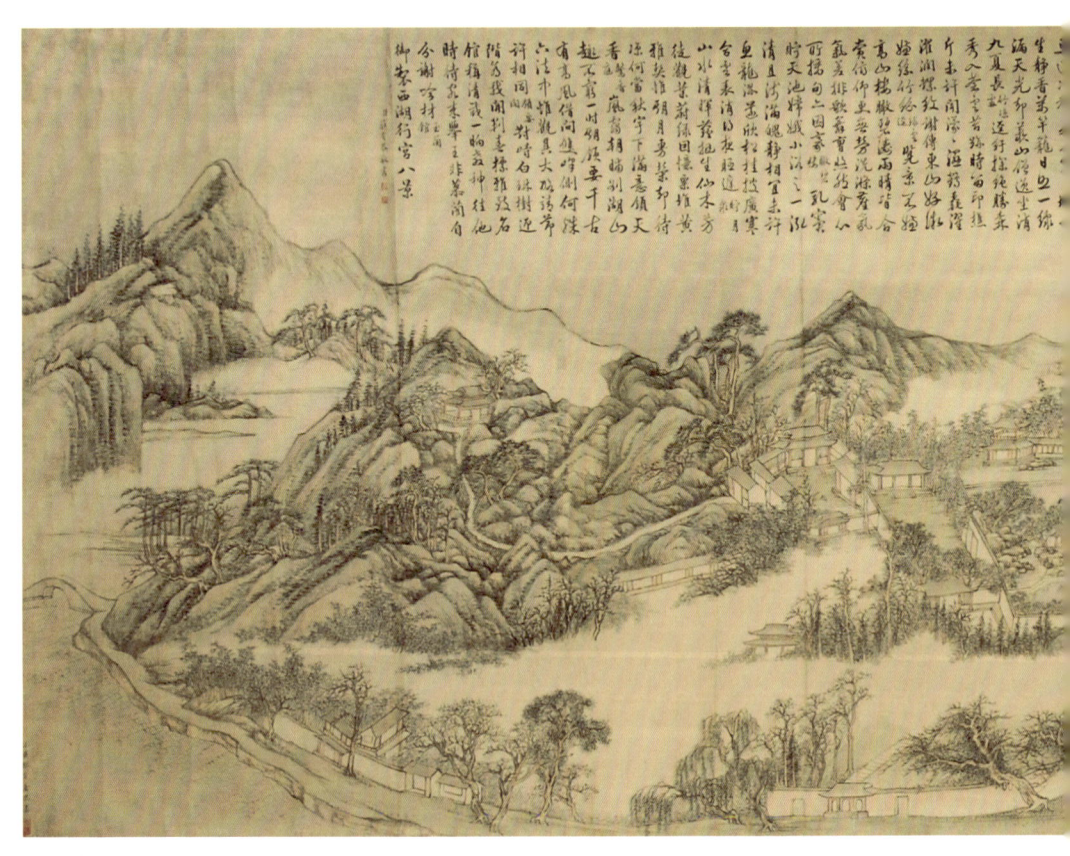

常州博物馆藏张宗苍《西湖行宫八景图》 （浙江省博物馆提供）

诗作于乾隆十六年（1751年），即他第一次到杭州时。

宋代高士林和靖隐居杭州西湖，结庐孤山，与梅、鹤为伴，终身未娶未仕，有"梅妻鹤子"之说，现孤山尚存放鹤亭。乾隆对林和靖非常欣赏，他在其《题放鹤亭》诗中便讲："君复当年真逸哉，江淮游懒独归来。何妨鹤子聊无母，且喜梅妻不藉媒。"《西湖嬉春词》又问："三面山光水一湖，烟中东指宋时都。而今设问林和靖，定道孤山会不孤。"

孤山好几个地方，乾隆都反复题咏过，如竹凉处，就是他很喜欢待的一个地方。他喜欢杜甫《咏竹》一诗中"雨洗娟娟净，风吹细细香"的意境，于是便在西湖边的寝宫庭院里种了一大片，第二次南巡回来一看，竹子长势喜人："前度教栽竹，今来万个强。"惊喜的心情和夸赞跃然而出，他的诗作是对那些孤山画卷的最好诠释！

不仅如此，乾隆还把竹凉处、绿云径等搬回北京，仿建于玉泉山。故宫博物院收藏的乾隆帝书、杭州富阳人董邦达绘《西湖八景诗图》描绘北京西郊玉泉山静明园西南隅圣因综绘的景色。圣因综绘，为静明园十六景之一，仿杭州西湖圣因寺行宫景色。《西湖八景诗图》中小字分别标出卯诏（同"照"）亭、竹凉处、绿云径、瞰碧楼、贮月泉、鹫香庭、领要阁、玉兰馆。画面上方有乾隆帝御题，意为"略仿西湖行宫意"。

在孤山，康熙和乾隆爷孙俩还合作在平湖秋月完成了一件作品。

平湖秋月背靠孤山，面临西湖的外湖，景观沿湖敞开，三面临水，由于它伸出水面的平台非常宽广，视野十分开阔。

康熙六次南巡，五次光临此地，并为平湖秋月题名。乾隆南巡则为平湖秋月赋诗："平湖新水碧于油，蘸入堤杨缕缕柔。底更春秋较其月，几曾宵景一凭流。"

现在平湖秋月是西湖十景中最小的景点公园，它虽小，但很精致。景区内树木葱茏，假山叠石点缀其间，亭台楼阁错落有致，完整地保留了清代皇家钦定西湖十景时"一院一楼一碑一亭"的院落布局。康熙题名的平湖秋月御碑就在其中。

乾隆行宫目前保存最为完整的是浙江省博物馆孤山馆区的文澜阁。

乾隆帝南巡时，开始打算将行宫玉兰堂改建成为文澜阁，但是由于玉兰堂紧依孤山，地气潮湿不宜藏书，便把原来藏《古今图书集成》的藏经阁改建成文澜阁。《四库全书》修成的第二年，也就是乾隆四十八年（1783年），文澜阁落成。

《四库全书》都是手抄本，有9.97亿字。开始只抄了四份，藏在北方，文渊、文溯、文源、文津，称为"内廷四阁"，后来觉得南方也要有，又抄了三份，分别藏在扬州大观山之文汇阁、镇江金山寺之文淙阁和杭州行宫之文澜阁，时称"江浙三阁"，现在江南就只有浙江这一部了。

浙江省博物馆孤山馆区　（浙江省博物馆提供）

从乾隆五十二年（1787年）夏天开始，朝廷陆续颁发《四库全书》，交由两浙盐运庋藏，至乾隆末年领齐，共计35990册，实在是太多了，不得不抄完一批发放一批。《四库全书》为绢面包背装，经部为绿色，史部为红色，子部为蓝色，集部为灰色。每册卷端钤"古稀天子之宝"白文方印，卷末钤"乾隆御览之宝"朱文方印。和《四库全书》一并初藏文澜阁的，还有一部乾隆皇帝御赐的《古今图书集成》。

文澜阁有大小两碑。大碑亭的碑，上覆龙盖帽，正面刻的是乾隆四十七年（1782年）七月初八下的一道上谕，背面刻乾隆皇帝为《四库全书》入藏文澜阁作的一首七言诗。

文澜阁小碑亭里的碑也有龙盖帽，正面为光绪皇帝书写的满文、汉文"文澜阁"三字，篆额为"光绪御笔之宝"。在芭蕉绿叶的掩映之下，光绪饱蘸墨汁的馆阁体，有太多的抱负，也有不少的无奈。小碑背面镌刻光绪皇帝的上谕，说到文澜阁毁于战乱，所藏《四库全书》大量散失的沧桑，以及时任浙江巡抚谭钟麟上奏文澜阁已修复，散失的书通过地方绅士丁氏兄弟广泛搜求基本恢复旧观的情况，谭钟麟还要求朝廷颁布匾额、方略嘉奖有功人员。

文澜阁主体建筑咸丰年间毁于战火，重修于光绪年间。据沙孟海先生考证，皇帝看书是在主阁一楼的中央，不许有人在他头上走动，楼上的书，由下人从藻井里吊下来。所以，文澜阁三层，外面看是两层，屋中央看只有一层，一抬头直接看到天花板。1912年夏，浙江图书馆建成，文澜阁《四库全书》及乾隆皇帝御赐文澜阁的《古今图书集成》入藏隔壁浙江图书馆孤山馆部的古籍部，文澜阁只留下几只藏书的柜子。

拥有金黄色琉璃瓦的文澜阁，奠定了孤山在文人心目中神山的地位，也吸引了众多朝圣者。

阮元是乾隆晚年极其欣赏的学者型官员。乾隆五十六年（1791年）二月，朝廷大考翰詹，乾隆亲擢阮元为一等第一名，升授詹事府少詹事。召对之时，乾隆喜道："没想到朕八旬外再得一人！"

嘉庆二年（1797年），浙江学政阮元于西湖孤山上构屋50间，集全省通经之士纂辑《经籍籑诂》。阮升任浙江巡抚后，将该处辟为精舍，选拔浙江境内好古嗜学的学生在此读书。这所学校前后有100余年的历史，是当时全省最高学府。

1890年，21岁的章太炎奉父命入杭州诂经精舍，拜国学大师俞樾门下学习七年，学问大进，才学过人，颇受俞樾器重。传闻他爱吃江南"霉"字系列的菜——霉干菜、霉冬瓜、霉苋菜梗、臭豆腐、臭花生，据说有个叫作钱化佛的画家投他所好，用这些菜换走了他手书的100多幅字。后来，章太炎提倡排满，甚至骂光绪皇帝"载湉小丑"，让俞师十分不满，声言"曲园无是弟子"。1901年，章太炎到苏州东吴大学任教，特拜望老师，俞樾见面怒斥道："不孝不忠，非人类也，小子鸣鼓而攻之可也！"后章太炎发表《谢本师》一文，表示从此拜别师门，自立门户。

俞樾，号曲园，浙江德清人，是清末经学大师。现在孤山南麓、西泠桥畔俞楼是其故居。俞樾自书一联，悬于楼前："合名臣名士，为我筑楼，不待五百年后，此楼成矣；傍山北山南，循地选胜，适在六一泉侧，其胜如何。"

1924年，居住在俞楼的俞樾的曾孙——红学大师俞平伯先生写下了《湖楼小撷》一文，细细地描摹了西湖的景致，抒发了"一种茫茫无羁的依恋，一种在夕阳光里，街灯影傍的依恋"感怀。

现在的俞楼，两层三开间仿古建筑，依旧是粉墙黛瓦的安静古屋。而这楼里的故人往事，也依旧让人浮想联翩。俞楼，实为孤山一景。

后来诂经精舍停办，而异军又在孤山突起。浙派篆刻家丁辅之、王福庵、叶为铭、吴隐等四人在孤山数峰阁旁买地筑室，创立印社，这就是著名的西泠印社。孤山社址有一条鸿雪径，取意于宋代大诗人苏轼《和子由渑池怀旧》："人生到处知何似，应似飞鸿踏雪泥。"西泠印社走过百余年，历经岁月的流逝，留下了诸多的人、物、事，构成了一部厚重的印社发展史，也为孤山涂抹了更为浓郁的人文色彩。其第一任社长吴昌硕是印、书、画、诗四项全能的艺术大师，也师从著名国学大师俞樾。

1928年，国立艺术院（中国美术学院的前身）创立于孤山罗苑，以"介绍西洋艺术，整理中国艺术，调和中西艺术，创造时代艺术"为宗旨，设绘画、图案、雕塑、建筑四系。现在的中国美术学院，就是发端于此。

同年，西湖博览会开幕，给西湖设了个大门，位置就在断桥东首桥堍，门楼为宫殿式外形城堡建筑。设在孤山的场馆主要有博物馆、农业馆等。博览会为了保留所陈列的展品，闭幕时，呈请省政府在博览会博物馆所在地设立西湖博物馆，部分展品移赠博物馆以作留念和永资观摩。

当年的西湖博物馆也就是今日我供职的浙江省博物馆。

230多年后，乾隆皇帝"第七次来到了杭州的西湖畔"。

2017年，浙江省博物馆举办"盛世天子——清高宗乾隆皇帝特展"，展出了来自故宫博物院等国内多座博物馆、图书馆的202件珍贵展品，为观众展示一代帝王的文才武略及其与江南以及杭州的情缘。乾隆在《御制南巡记》中说："予临御五十年，凡举二大事，一曰西师，二曰南巡。"他一直把南巡视为生平最重要的功业之一。六下江南，他不仅为浙江留下了至今依然矗立的巍巍海塘，也深深沉醉于杭州西湖的美景。

在展览的"为爱西湖"单元里，可以重温他在杭州的励精图治和他对杭州、西湖深深的爱。在乾隆御笔《阅海塘记》卷中，他细细总结了从神禹至当时的治水理念及经验教训，他的励精图治全在其上；《海宁陈氏安澜园全图》画的是乾隆考察钱塘江海塘时曾经四次驻跸的安澜园，展览中，这一江南名园的昔日胜景得以重现；乾隆留下了大量歌咏杭州美景的诗作，展览中的《泛舟西湖即杂咏册》《咏西湖十景》朱笔底稿等都有乾隆御笔题写的诗；董邦达的《西湖八景诗图》也来到现场，乾隆在京城中仿造的西子湖与真实的西湖一比高下。

孤山实在不孤。孤山是一座大博物馆。我一直有一个梦想，如果杭州也有一个博物馆岛，它可以让人为了这个岛而不远千里来游赏吗？

跟着宋人去观潮

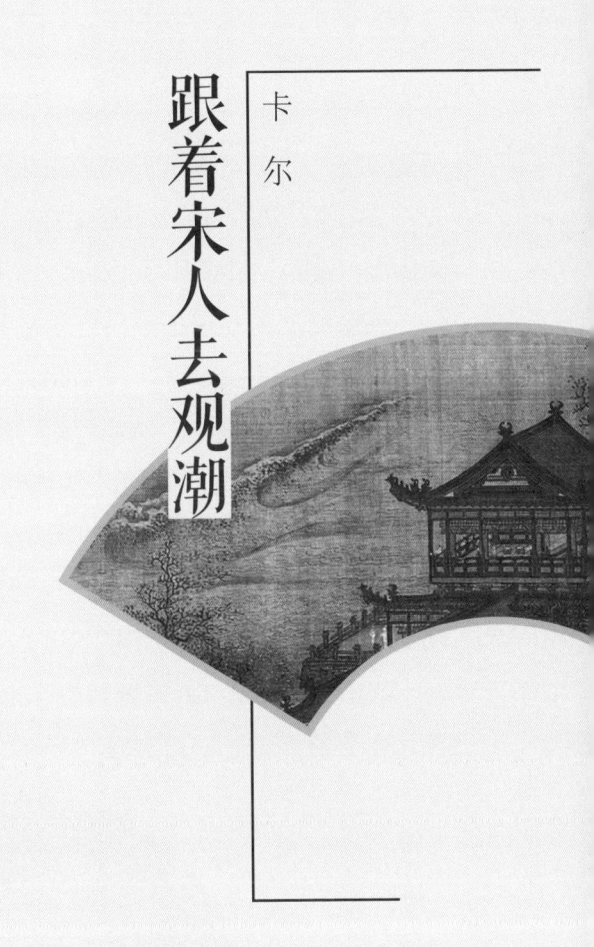

卡尔

"山寺月中寻桂子，郡亭枕上看潮头。""八月十八潮，壮观天下无。"这分别是唐代杭州市市长白居易和北宋杭州市市长苏东坡咏赞钱塘秋潮的千古名句。实际上，真正对钱塘观潮如痴如醉，逢大潮时万人空巷，将观潮仪式和乐趣做到极致的，却是南宋京城临安（即杭州）人。

南宋海塘约在今天秋涛路沿线附近，出候潮门即可观潮。其中，八月十八为最盛之日，因为这一天同时在钱塘江上举行海军演习。据《梦粱录》卷四、《武林旧事》卷三，每逢这天，从庙子头（今钱塘区新塘附近）到六和塔，沿江十余里，搭满临时棚屋，达官贵人雇人早早来占位，商家则占地包场，付费才可入内，一位难求。无论男女老幼，这天都穿戴时新服饰，涌上江岸，车马之多，造成道路堵塞。小商小贩都觅商机而来，价格翻倍……800 年前的临安城观潮，多么富有生活的气息。

当然，上述是百姓观潮百态。而临安城的达官贵人，却另有更优雅的赏潮之处。

宋·佚名《观潮图》　（魏祝挺提供）

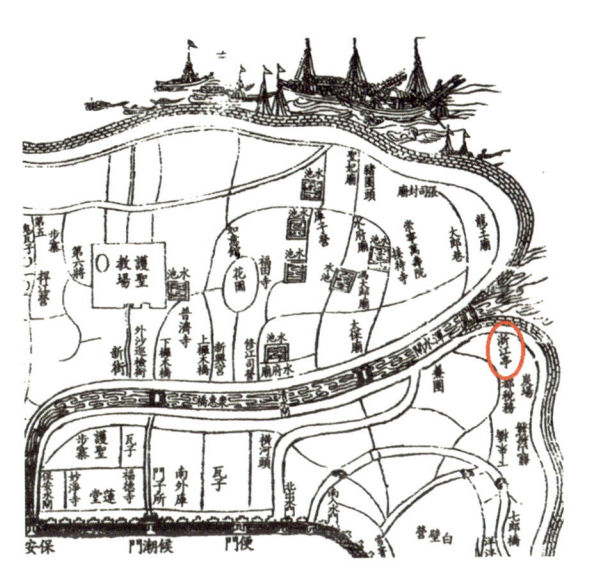

《咸淳临安志》"浙江图"中浙江亭的位置（底图据姜青青复原版）（魏祝挺提供）

南宋观潮第一胜地，无疑是浙江亭。

南宋中期有一位临安城的大玩主——约斋居士张镃（清河郡王张俊曾孙），《齐东野语》载"其园池声妓服玩之丽甲天下"。他于宁宗嘉泰四年（1204年）写下一篇文字，备记临安城中之赏心乐事，分月列出，其中，"八月仲秋：湖山寻桂、现乐堂赏秋菊、社日糕会、众妙峰赏木樨、中秋摘星楼赏月家宴、霞川观野菊、绮互亭赏千叶木樨、浙江亭观潮、群仙绘幅楼观月、桂隐攀桂、杏花庄观鸡冠黄葵"。当中就有"浙江亭观潮"，可见该处之风景绝胜。

浙江亭，位于南宋临安城最繁忙的水道——浙江闸口，屹立于浙江闸的外闸浑水闸上的跨浦桥南的江岸边，历来是临江观潮之绝佳胜地。

《武林旧事》记下了南宋最盛大的一次浙江亭观潮。

淳熙十年（1183年）八月十八日，孝顺的宋孝宗亲赴德寿宫，邀请退位的太上皇高宗和皇太后，去浙江亭观潮。因为退位以后，高宗就居于"北内"德寿宫，不便回到"南内"凤山皇宫观潮（"南内"凤山皇宫有极佳观潮处，下文再述），故城外的浙江亭就成了二帝一同观潮的最佳地点。

此前，皇宫的修内司已经在浙江亭旁临时建了50间房子，这天都披红挂彩。早饭吃罢，两宫车驾齐出候潮门，文武百官从驾于后。到浙江亭后，皇上特免百官随从伺候，并赐酒食，让他们安心在50间潮景房中喝酒赏潮。而高宗、孝宗及皇太后、皇后等，自然在浙江亭内悠然落座，共享天伦。

潮水未到之时，先有南宋海军的军舰列队操练表演。上千艘船舰横列江面，北至龙山闸口，南至萧山西兴，遮天蔽日。而水军将士即在船舰上骑马驱驰，舞刀弄枪，如履平地。忽然，信号炮火响起，五彩烟雾弥布江面。待烟雾散去，千艘舰船已无影无踪。

这一天，数十万民众齐聚江岸。从龙山闸口往北20余里的江干海塘上，甚至在对岸萧山西兴的海塘上，豪门富户之观潮人皆扎上彩幕，攀比斗富，"彩绣照江，有如铺锦"。南宋之富足奢华，于此可见一斑。

海军操练结束之后，老百姓中水性好者上百"弄潮儿"，每人持十幅彩旗，游到海宁之尖山附近（尖山此时尚为江心高立一岛，那时称为海门），踏浪争雄，腾身百变，大浪过后，旗帜却毫不沾水，堪称潮水中最亮丽的风景线。

最后，大潮如期而至，这才结束了精彩纷呈的一天。

虽然浙江亭之遗迹如今已荡然无存，但幸运的是，有一幅宋画却将它细致地描绘了出来，这就是李嵩的《月夜看潮图》。

画中正是中秋月夜，明月高悬，江面空阔，小舟鼓风而行，一线白浪汹涌而来。江岸华美的平台阁楼上，有数人在楼上台中。远山江帆，月影银涛，一派祥和景致。画左上角有宁宗杨皇后题苏轼诗："寄语重门休上钥，夜潮留向月中看。"左下有"臣李嵩"款（李嵩为钱塘人，尤工于界画，与画中题字

南宋·李嵩《月夜看潮图》 （魏祝挺提供）

的宁宗杨皇后为同时代人）。

我认为，这幅画画的正是浙江亭。理由有以下几点：

（1）位置。从图中来看，该处建筑紧贴江边，而浙江亭正位于浙江闸口的钱塘江岸边。

（2）建筑特色。高耸的歇山顶，修长的连廊，精巧的格子门窗上挂着整齐的卷帘，楼阁内的陈设也高雅，透露出这是一处高雅华贵的场所。若不是因为南宋皇宫不在江边，即使说这描绘的是宫廷建筑，也合情合理。

（3）时代。前文所述的玩主张约斋，是在宁宗时期记下了"浙江亭观潮"这一仲秋风雅之事。李嵩该画也作于宁宗朝时期，两者时代较为相符。

（4）人物。楼台中观潮之人，数量不多，服饰华美，可知这群观夜潮之人风雅而高贵，不是普通百姓。而浙江亭的观潮来客都是身份高贵之人，据《武林旧事》卷八，除了前述两宫、张约斋之外，南宋朝廷也曾在此招待金国

中河上的南星桥　　（魏祝挺提供）

使节观潮。

（5）题诗。宁宗杨皇后喜爱该画，题苏轼诗句"寄语重门休上钥，夜潮留向月中看"，并盖上了自己的坤卦印。故该处亭台应是南宋临安城的第一流观潮场所，非浙江亭莫属。

经学者考证，浙江亭遗址的位置大致在今杭州上城区南星桥附近的三廊庙一带。我曾在这一地区找寻浙江亭遗址的位置。南星桥历史悠久，其所在的中河，在宋代是杭州城内的交通干线。自南星桥往东，便是三廊庙地区，这里曾有宽阔的入城河道闸口——浙江闸，以及屹立在浙江闸西岸的浙江亭。因为千年来泥沙的堆积，浙江闸和浙江亭遗址的位置已经远离江岸，早已成为陆地。雄伟的秋石高架路大致就沿着钱江海塘延伸过去，站在三廊庙附近的人行天桥上往南望去，高楼大厦，车水马龙，千年前却是潮水奔涌的江面，而曾屹立在江边的浙江亭已经不知所终。

浙江亭固然是京城最佳观潮之处，但实际上还有一处位置绝佳的观潮点，只不过民众无法前往，那就是南宋皇宫大内山上的"天开图画"。

《武林旧事》载："禁中例观潮于'天开图画'，高台下瞰，如在指掌。都民遥瞻黄伞雉扇于九霄之上，真若箫台蓬岛也。"

南宋帝后于皇宫中观潮，向来都在"天开图画"楼台，从高台上俯瞰江面，历历在目，如在指掌。江岸上观潮的京城百姓，回头仰望帝后的黄伞羽扇，如在九霄之上，仿佛天宫楼台、蓬莱仙境一般。

《梦粱录》载："车驾幸禁中观潮，殿庭下视江中，但见军仪于江中整肃部伍，望阙奏喏，声如雷震。"

皇帝于大内观潮，从殿庭俯瞰江中，只见海军舰船整齐，旌旗招展，向皇帝所在之处（即"天开图画"）齐声致意，声如雷震。

当代馒头山俯瞰图（图中左侧为馒头山，右侧为凤凰山）　（魏祝挺提供）

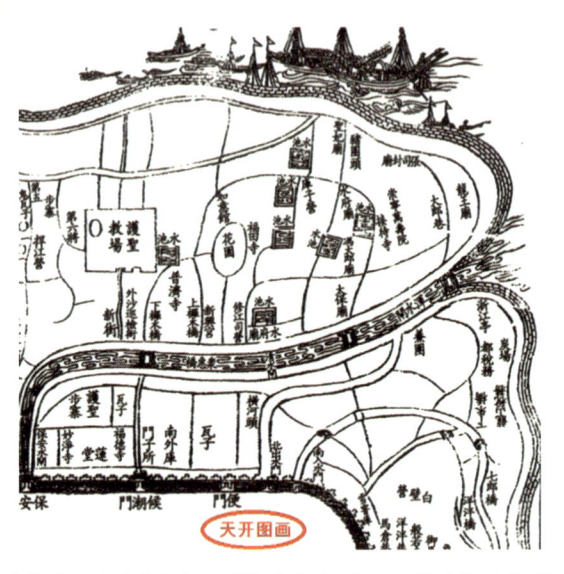

《咸淳临安志》"浙江图"中推定"天开图画"的位置
（底图据姜青青复原版）　（魏祝挺提供）

  我多次实地探访南宋大内遗址，认为凤凰山东麓的馒头山顶应是宋宫"天开图画"楼台所在之处。

  馒头山位于南宋皇城遗址东南角，离南宋时期的海塘很近。上馒头山的路，坡度很大，山上是部队管辖，管理严格。上山后，往南侧继续爬坡，坡顶是馒头山地势最高的平台。这里过去开设有不少工作室，现已废弃。我找到东南角的一座二层楼房，登上天台。天台高约 8 米，大约是古代楼台建筑的高度，西侧的凤凰山、西南侧的包家山、东侧的钱江新城均历历在目，在古代，没有钱江新城摩天大楼的遮挡，钱塘江可以一览无余。实际上，宋代钱塘江堤即在馒头山东侧不远处，居高临下，视野绝佳，这里确实是南宋皇室观潮的首选位置。

  因此我认为，这处馒头山东南角最高的平台，应该就是南宋皇室观潮之处——"天开图画"楼台遗址所在的位置。希望未来南宋皇城考古时,能在这里发现相关高台建筑的遗址。

凤凰山东麓的南宋皇城遗址,同时也是唐代杭州州治、吴越国王宫、北宋杭州州治的位置,是历代叠压的遗址。唐代杭州市市长白居易、吴越国国王钱镠、北宋杭州市市长苏轼,也都曾在这里观潮。

唐代杭州刺史白居易(822—824年在任)在《忆江南》中写道:

> 江南忆,最忆是杭州。山寺月中寻桂子,郡亭枕上看潮头。何日更重游?

其中,"郡亭枕上看潮头"已成为描写钱塘观潮的千古名句。而白居易观潮的位置"郡亭",是唐代杭州州治中的一座亭子,名为虚白亭。白居易另有一首诗,题为《郡亭》,写的正是虚白亭中观潮的实景:

> 平旦起视事,亭午卧掩关。
> 除亲簿领外,多在琴书前。
> 况有虚白亭,坐见海门山。
> 潮来一凭槛,宾至一开筵。
> 终朝对云水,有时听管弦。
> 持此聊过日,非忙亦非闲。
> 山林太寂寞,朝阙空喧烦。
> 唯兹郡阁内,嚣静得中间。

白居易在这座虚白亭中工作、起居、会客。这座亭子的视野很好,坐着就能望见钱塘江下游盐官那边的海门山。潮水一来，就凭槛而望，客人来了，就在亭中设宴，终日对江水，也不厌烦。相比寂寞的山林和喧嚣的朝堂，这座州治中的郡亭正好不闹不静，是白居易最钟爱的场所。

据考古发现，唐五代的钱塘江海塘在江城路附近，离城更近，距馒头山更是咫尺之遥。由于唐代杭州州治与南宋大内的位置重叠，白居易在卧榻上就能观潮的位置应该也是在这座馒头山之上。唐代的虚白亭可能就在南宋时期"天开图画"楼台的位置。

五代吴越国的开国君主钱镠（907—932年在位）的王宫也在凤凰山东麓，他流传后世的故事不是观潮，而是治潮。唐代及以前的钱塘江海塘由土料筑成，质地松软，难以抵御急流的冲刷。唐末连年战乱，海塘年久失修，潮患严重。据《吴越备史》卷一，钱镠于梁开平四年（910年）征发数十万兵民，自月轮山（今六和塔）起至艮山门，沿江筑捍海石塘，以防海潮。因钱江潮水昼夜冲击，坝基屡溃，钱镠于是命手下精锐的强弩射手500人，在潮水来时齐射潮头。他又在王宫北侧的吴山重建潮神伍子胥的祠庙，并写诗一首，装于函中，置于海门，献给龙王和潮神。其中有一句为"为报龙神并水府，钱塘借取筑钱城"。龙王和潮神似乎也被钱镠的英雄气概折服，潮水向南岸的西兴折去。于是钱镠再以巨石装入竹笼，投入江中，并以巨木固定，最终奠定了捍海石塘的塘基，也奠定了后世千年杭州城的基础。

近年来，在杭州考古发掘中，在江城路立交桥、平安里等地多次发现吴越时期捍海塘遗址，是我国迄今为止发现并保存的最早海塘实物，其竹笼填石与涽柱相结合的筑塘固塘方法符合史料记载，对研究唐五代土木工程技术和海塘修筑技术具有重要价值。

吴越国捍海石塘建成以后，数十里的长堤提供了能容纳数万观众的观潮空间，同时，安全性也大大增加。从此，每年秋季的钱塘江观潮成了杭州老百姓的集体狂欢。

北宋初年的文人潘阆（982—1009年间多次到访杭州）有一首写观潮的佳作《酒泉子》：

> 长忆观潮，满郭人争江上望。来疑沧海尽成空。万面鼓声中。
> 弄潮儿向涛头立。手把红旗旗不湿。别来几向梦中看。梦觉尚心寒。

每逢八月十八，全城的杭州市民走上捍海石塘，万人空巷。江中还有弄潮儿手持红旗冲浪，与南宋时期的弄潮儿如出一辙。可见这种弄潮儿的游戏是杭州传承数百年的传统，可能即起源于吴越国时期。

苏轼两次任官杭州（1071—1074年、1089—1091年），也住在凤凰山东麓。他有诗云"不择茅檐与市楼，况我官居似蓬岛"。"蓬岛"的意象与南宋人描述"天开图画"的用词一致，说明苏轼可能与白居易一样，是在馒头山之上办公、居住的。数年间，苏轼数次饱览名闻天下的钱江潮，并写下了歌咏钱江潮的名篇：

> 八月十八潮，壮观天下无。鲲鹏水击三千里，组练长驱十万夫。
> 红旗青盖互明灭，黑沙白浪相吞屠。

到杭州观潮是他这个四川人的夙愿，以至于他即将走向生命的终点，还是念念不忘：

> 庐山烟雨浙江潮，未至千般恨不消。

到得还来别无事，庐山烟雨浙江潮。

　　这是他存世的最后一首诗，头是"庐山烟雨浙江潮"，尾也是"庐山烟雨浙江潮"，魂牵梦绕的庐山烟雨和浙江潮，他都到过看过了。从此，庐山烟雨只是庐山烟雨，浙江潮只是浙江潮，不再有执念。这是一种阅尽繁华的苍凉，也是一种豁然达观的洒脱，充满了人生哲理。

　　当南宋150年的繁华落尽时，元末张士诚割据杭州，将杭州城的南城墙从嘉会门北移1公里到凤山门、候潮门一线。因而，作为杭州建州之地、唐宋州治、两朝皇宫的凤凰山东麓，反而成了城外的荒郊野岭。清末李秀成围攻杭州时，就在馒头山上扎营攻城。至民国时期，昔日的皇家宫苑已经遍布坟头。

　　"吴宫花草埋幽径，晋代衣冠成古丘。"昔日雄踞钱江海塘之上的浙江亭，已深埋在高楼大厦之下。而馒头山上，不论是唐代的虚白亭，还是宋代的"天开图画"，也已荡然无存。千年来的杭州江干地区，泥沙淤积，海塘逐渐远离老城，远在钱江新城之外。浙江亭和馒头山的观潮盛事，已成往事，恍如一梦。

走读德寿宫

周华诚

绍兴三十二年（1162年）六月，宋高宗赵构退休，正式搬进德寿宫。在同一天，南宋的第二个皇帝宋孝宗赵昚即位。

27年后，淳熙十六年（1189年），宋孝宗赵昚也退休了，也搬进德寿宫养老。

连续两任皇帝退休养老，这在中国历代绝无仅有。

这也让德寿宫——这座皇帝的养老院，成为传奇。

2022年10月，杭州德寿宫遗址保护展示工程暨南宋博物院（一期）项目进行亮灯调试，灯火璀璨，流光溢彩，宛若天上宫阙，九重门开，德寿宫即将对外开放。

从宋高宗搬进德寿宫的那天算起，到2022年，时间已经像流水一样，在这片土地上整整流淌过去860年了。

隔着860年的时光，无数不同的人站在了同一块地面上。

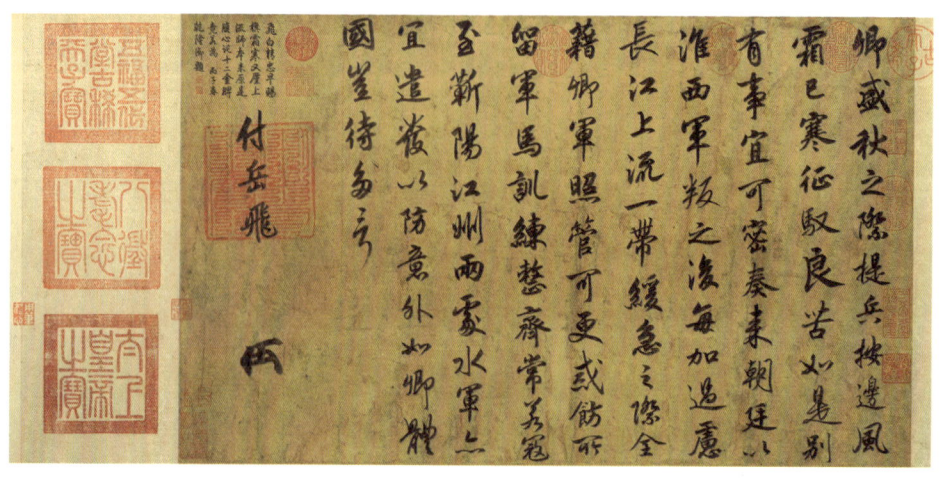

高宗书法致岳飞信　（周华诚提供）

北内

这座皇家养老院在临安城望仙桥以东,也就是今天杭州望江路和中河路东北角。

这是一块废弃了多年的荒地。

很多老杭州人不一定知道德寿宫,但你若是问"杭州工具厂在哪里",他们一定会告诉你确切的方位。望江路以北,中河以东,吉祥巷以西,梅花碑以南,这就是南宋德寿宫的大致方位。杭州工具厂搬离之后,这里就荒着了,年复一年,长满了野草。

这么一块市中心的位置,居然荒芜了许多年,有人对这块地方的内情不甚了解,但现在大家已经知道了——这是一块宝地。这块宝地在2021年的冬天,迎来了一次改头换面的机会。

德寿宫,历史上也叫作"北内"。这个"北内"是与"南内"相对应的说法。"南内"指的是凤凰山东麓的南宋皇城。

德寿宫是宋高宗赵构早先赏赐给宰相秦桧的老宅改建的。岳飞的孙子岳珂写过一部记载两宋朝野见闻的史料随笔《桯史》,里面对秦桧老宅的地理位置有详细的描述:"朝天之东,有桥曰望仙,仰眺吴山,如卓马立顾。绍兴间,望气者以为有郁葱之符,秦桧颛国,心利之,请以为赐第。其东偏即桧家庙,而西则一德格天阁之故基也。"

宋高宗赵构正式退位搬进德寿宫养老,是在绍兴三十二年(1162年)六月。同一天,南宋的第二个皇帝宋孝宗赵昚即位。

那一天阴雨绵绵,太上皇赵构驾临德寿宫。

这是一次仪式略显朴素的乔迁。从南内迁居北内,从皇上变成太上皇,赵构内心是复杂的。一方面,他终于觉得肩上的千斤重担卸了下来,无事一身轻了;另一方面,他又对继任的养子赵昚没有十足的把握。

这天，孝宗"服袍履，步出祥曦门，冒雨掖辇以行，及宫门弗止"。孝宗一路扶车，依依相送，一直送到皇宫之外。见孝宗如此，高宗深感欣慰，对群臣说："托付得人，吾无憾矣。"

此后，德寿宫成为宋高宗禅位退居后生活起居的宫殿，也是皇太后居住的地方。时人称凤凰山的皇宫为"南内"，称德寿宫为"北内"。

目前，经考古确认，德寿宫的四至范围是：东接吉祥巷，南至望江路，西临中河，北靠水亭址，占地面积近17万平方米。

这座宫殿，以"气象繁盛"而著称。它的建筑规制，自然与皇城南内的宫殿相当，并有规模宏大的园林。

南内的宫殿，是在五代杭州府治基础上改建而成。高宗、孝宗所居住过的北内，则是完全新建的宫殿，能反映南宋宫殿建筑的最高水平。北内与南内的宫殿一样华丽精美。

考古专家们前后历时近20年发掘出的德寿宫遗址，面积达7000余平方米。其中，中区南部的五开间殿宇、西区中部建筑群等建筑遗迹，以及西区水池、大型水渠、假山石等园林遗存，是精华，也是最具可看性的区域。

德寿宫的南半部为主殿区，北半部为后苑园林区，中轴线上建筑由大殿及前后多进院落组成。南部殿址平面呈工字形，柱础排列整齐，应属重华宫、慈福宫建筑群组。

宋高宗喜爱湖山，德寿宫作为皇家建筑，更是江南造园精华集大成者，体现了当时建筑、园林的最高技艺。

从目前发掘成果来看，德寿宫没有延续汉唐时期金碧辉煌的大宫殿，而是具有小巧精致的江南特色，代表了南宋的园林风格。

南宋的园林，最为人所赞叹的并不是它的极尽奢华，而是以丰富的景观和深远的空间为核心的造园技法。这种技法，胜在对意象思维的激发，营造出

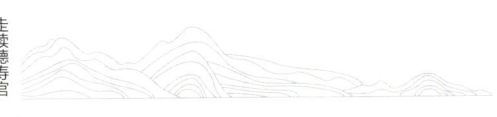

德寿宫园林复原研究图　　（周华诚提供）

一片自然幽趣。

在德寿宫后苑，有一座小西湖，是整个宫殿设施的中心。湖面有十余亩（约6666平方米）。湖中有一座万岁桥，长约六丈（20米），桥身全部用玉石砌成，桥的栏杆雕镂精细，光泽柔白。桥中心筑四面亭，亭是用朝鲜的白罗木盖成，典雅高洁。湖面上有千叶白莲，花开时，清香宜人。

围绕着小西湖，分东、南、西、北四个区域，亭台楼榭错落有致，香远堂、清深堂、松菊三径、梅坡、月榭、芙蓉冈、浣溪等，并精巧布置四季花卉，分别用于赏月、踏雪、听雨、观云、望虹、探梅。

德寿宫的后苑，还有一座飞来峰，也是依照灵隐寺飞来峰的样子叠石为山。

北京中国园林博物馆有一方巨大的芙蓉石,就是德寿宫飞来峰旧物。

在西面又建大楼,名为"聚远楼",楼名取自苏轼"赖有高楼能聚远"之句。

德寿宫内还有一座专门饲养金鱼的池子——泻碧,此时,宫内统称金鲫鱼为金银鱼。南宋时期饲养金鱼,可谓盛况空前。高宗赵构爱好风雅,能书擅画,钟爱松梅,癖好石景,刊刻图书,曾多次派人前往距德寿宫100多公里的昌化县山中捕捉金银鱼,来充实他的金鱼池。自此以后,金鱼也成为历代宫中不可缺少的珍玩。

父子

太上皇在德寿宫,"淡泊为心,颐养神志",种花养草,游湖看景,习书酿酒,听曲看戏,日子过得悠游自在。

与此同时,他也并没有完全放手对政事的把控。继任的孝宗对他很孝敬,他也时常插手南内的大事决策。这几乎是两全之策:既安享了太上皇的太平,又依然能左右国之大事。

德寿宫的日常用度惊人,全年花销就达48万贯之巨。此外,逢年过节,以及高宗的生日,孝宗还另有进献。平时孝宗也对太上皇赵构甚为恭敬,时常在两宫之间奔波请安。父子二人相处甚洽,其乐融融。

据周密《武林旧事》,一日,宋孝宗派人到德寿宫,向太上皇上奏:"连日天气甚好,欲一二日间,恭邀车驾幸聚景园看花。取自圣意,选定一日。"

太上皇说:"传语官家,备见圣孝。但频频出去,不惟费用,又且劳动多少人。本宫后园,亦有几株好花,不若来日请官家过来闲看。"

次日,进过早膳后,宋孝宗与皇后、太子到德寿宫,与太上皇及吴太后一起,至灿锦亭喝茶,召集众臣同宴,再至后苑看花。众人赏花看景,登舟游湖,看戏、听曲、饮酒。

淳熙三年(1176年)五月二十一日,太上皇赵构七十岁生日。孝宗事前十来天到德寿宫进香,奉上银五万两、绢五千匹、钱五万贯、度牒一百道及金银器皿等众多礼物。当天,孝宗又率皇后、太子、太子妃、文武百官,一起到德寿宫为太上皇祝寿。

众人一起宴饮,观舞赏乐。酒喝到五盏时,太上皇赐给孝宗自己的书法作品《急就章》《金刚经》,孝宗则呈上真草书法《千字文》,太上皇看了甚喜,称赞其笔力大进。

太上皇、孝宗都已七八分醉,返还北内时,太上皇叮嘱下人:"官家已醉,可一路小心照管。"

次日一早,孝宗派人至德寿宫,问候太上皇及太后起居情况,并意欲到宫谢恩。太上皇亦询问孝宗的起居情况,并免去其到宫行礼环节。

2022年2月6日,农历壬寅年正月初六,一场鹅毛般的大雪纷纷扬扬飘洒在杭城上空。

此时春节刚过,杭州深巷里弄的年味儿还很浓,望江路上很多商店也尚未开张。这天下午,仅用了半个时辰,天地之间一片雪白。

如果时间往回倒退八百多年,同样的一场雪落在巍峨的德寿宫上空,大雪将宫殿屋顶覆成雪白,宋高宗将在众人相伴下步入后苑,与官家孝宗一起赏雪。

据《武林旧事》记载:

> 未初,雪大下,正是腊前。太上甚喜,官家云:"今年正欠些雪,可谓及时。"太上云:"雪却甚好,但恐长安有贫者。"上奏云:"已令有司比去年倍数支散矣。"太上亦命提举官于本宫支拨官会,照朝廷

数目,发下临安府,支散贫民一次。又移至明远楼,张灯进酒。节使吴琚进喜雪《水龙吟》词云:"紫皇高宴箫台,双成戏击琼包碎。何人为把,银河水剪,甲兵都洗。玉样乾坤,八荒同色,了无尘翳。喜冰消太液,暖融鹓鹭,端门晓、班初退。圣主忧民深意。转鸿钧、满天和气。太平有象,三宫二圣,万年千岁。双玉杯深,五云楼迥,不妨频醉。细看来,不是飞花片片,是丰年瑞。"上大喜,赐镀金酒器二百两、细色段匹、复古殿香羔儿酒等。太后命本宫歌板色歌此曲进酒,太上尽醉。至更后,宣轿儿入便门,上亲扶太上上辇还宫。

退居德寿宫的赵构与继任者——养子赵昚其乐融融,一起看到了雪花片片落在临安城,也落在德寿宫后苑一枝绿萼梅瓣之上。

在德寿宫,父子并非仅仅吃喝玩乐。

他们之间最大的话题有两个:一是招募人才,二是收复失地。

对于人才,两人意见极为统一,都要通过科举取士。

对于抗金与光复中原一事,二人似有不同看法。即位之初,孝宗便锐志北伐,但太上皇却要他收回成命。在南宋诸帝中,孝宗是一个很想有所作为的君主,太上皇的牵制和干扰,无疑令他束手缚脚、有心无力。

在光复大业上,太上皇一再警示孝宗:"一旦用兵,对方不过事关胜负,于我大宋却是关乎存亡!"

孝宗赵昚为人勤政、节俭,统治时期南宋国力最强,政治繁荣稳定,社会民生富庶,人民安居乐业。政府重视生产、劝课农桑、兴修水利、境内康宁。

宋孝宗在位 27 年,其中 25 年处于太上皇的掣肘之下。德寿宫,无疑也成为南宋皇权的副中心。

复兴

在德寿宫，赵构做了25年的太上皇，直到81岁病逝，他也成为中国历史上少有的长寿皇帝。

之后，孝宗在德寿宫西侧修建了慈福宫，请吴太后居住于此。此后历经变迁，1279年，元人攻入临安，南宋灭亡，德寿宫退出历史舞台。

中华人民共和国成立后，这块地变成了杭州工具厂。

2020年12月，德寿宫遗址保护展示工程暨遗址博物馆项目正式开工。

作为南宋的都城，杭州这座城市留存至今日的物质文化遗产已不多见，南宋皇城荡然无存，整座凤凰山林木森然，看不出任何皇家气象，唯有一些崖壁石刻、残墙断垣作为历史的遗迹，似乎还透露出些微的信息。文史学者们或可从荒山野岭中读出某些历史的沧桑，但大多数老百姓显然跟这些物证还有心理距离。这座城市需要有一些空间场所，向今天的人们耐心讲述南宋的故事。但是，南宋皇城遗址的发掘长路漫漫，相比之下，德寿宫遗址的发掘与保护展示就显得迫切而重要。

"这是一块有故事的地方。"杭州市园林文物局副局长卓军说，"要讲好杭州故事，不能缺少德寿宫的出场。"

德寿宫，将在这块南宋皇家园林建筑遗址上重新矗立起来。它将是一座原汁原味的宋式建筑。同时，这里将成为一个南宋历史与文化的展示空间，也就是南宋德寿宫遗址博物馆。整个项目包含了三个方面的工作：遗址保护、建筑再现、展陈与展示。

卓军说，德寿宫这个项目规模不算大，但集中了文物保护展示的几乎所有难题，大部分还无成熟经验可循。如何让大跨度遗址保护展示棚体现宋韵，真正做到原汁原味再现宋式建筑？如何利用面积极其有限的展厅全面展示南宋的历史文化？如何破解土遗址可看性差，观众看不懂、不喜欢看的问题，采用

德寿宫鸟瞰航拍图　　（吴海平摄）

数字化手段复原并展示遗址？复原研究如何展开？德寿宫内发生了什么？它的格局全貌、室内室外场景到底是什么样？

难题，被一点一点攻克。

从考古结果来看，杭州南宋文化地层处在地下 2.5 米至 3.5 米深处。

也就是说，随着数百年间城市建设的推进，南宋人在这座城市生活的遗迹已经被埋到了地下。翻开尘封的地层，往下走 2 米多，我们才能踩在南宋的御街之上，那些铺设齐整的香糕砖，依然是当年南宋皇帝们出宫走过的老砖。

实际上，整座南宋临安城的遗址都像是浸泡在水中。如果把浸泡在地下水中的遗址发掘出来，人们可以看到，那里将会重新形成一个大水坑。德寿宫遗址同样浸泡在水中。

在潮湿地区如何进行土遗址的保护与展示，是一个世界性的难题。德寿宫遗址项目面临的首要任务就是破解这一难题。

对于潮湿环境下遗址的保护，最重要的事是：第一，防水；第二，加固。

在德寿宫遗址的地下，四周修上一道永久性的墙，将地下水隔断；同时，在遗址地表上建设保护棚罩，将潮湿环境转变为干燥环境，来对遗址进行保护。

这是针对德寿宫遗址的具体情况，最终确立下来的方案。

德寿宫遗址，开创性地采用了"止水帷幕"作为地下永久防渗墙。

这是一道什么样的墙？这道墙的长度达440米，墙体宽度70厘米，深度17至18米——这样的深度表示已抵达岩层。如果作个比喻的话，那就是在遗址的四面围了一个水泥桶，把遗址整个儿地"装"了起来。但是毫无疑问，这项技术在当年还是非常稀奇又稀缺的。

最后，止水帷幕围合面积为4918平方米。德寿宫止水帷幕的成功实践，将为我国潮湿地区遗址保护提供新的防渗墙形式借鉴。

德寿宫遗址保护展示工程暨南宋博物院（一期）项目主持人、浙江省古建筑设计研究院原院长黄滋说，德寿宫建筑复原标识展示主要依据宋代《营造法式》，同时参考宋画和为数极少的宋代建筑。

不同于其他遗址的复建，德寿宫项目综合性很强，既要有保护，又要有工程、有复原，还要有展示，而且涵盖的工种也多。

很多建筑构件都是经过设计团队反复作图修改，打样后现场反复审核、修正，才定版施工的。一个瓦当，定制几次都不理想，最后用发掘的德寿宫原配瓦当脱模，才有了感觉。

但黄滋认为，最困难的还是细节，宫殿内场景布局的复原设计，譬如卷刹、柱子用料用色、藻井图案、椅子数量及摆位等。

据悉，现存宋塔的斗拱木材大部分用的是苦楮木，但目前中国已无法保障供应。因此，结合木材的特质，最终选择柚木做主材料。

黄滋表示，柚木自有一股清灵之气，其色雅而纹直，比较贴合宋代的文人气质。

在决定选用柚木后,其设计团队又前往同样在修复时木结构部分采用柚木的净慈寺。通过实地对比,该设计团队将德寿宫的立柱柱径减少3厘米,使其更接近宋式的纤细舒展。

重华宫　(杭州市上城区人民政府提供)

再现德寿宫,按照南宫北苑格局重建宫殿建筑组群,从望江路的南大门进来,登上高高的台阶,就进入了重华宫的宫门。

800多年后的人们走进这里,将用一种新的方式,打开"宋式生活"。这是德寿宫项目中最为精妙、价值最高也最具可看性的宫殿,其主殿开间约29

米，是目前杭州城内已发掘出土的规模最大、规制等级最高的皇家宫殿建筑。

在这座大殿的下部，就是南宋遗址，地面上的建筑完全按照地下的布局对应着"生长"出来。

德寿宫复原之后，园林部分一定是德寿宫里最值得讲述的故事之一，虽然目前尚未正式发掘，但通过充分的复原研究，再叠加数字化展陈手段，一座虚拟的意象化园林栩栩如生地呈现在大众面前。

与此同时，还有大量的南宋时代的展品也被陈列出来，与遗址、建筑、影像化视觉手段一起，让观众穿越时光，重回南宋。

德寿宫的大门打开，也是杭州城门打开。穿过这扇历史的大门，人们步入德寿宫，步入800多年前的大宋王朝，也步入一座城市深厚文明的历史长河之中。

姜青青

三贤堂：西湖文化的一个定格

宝石山上"十三间楼",苏轼做了个梦

北宋元祐五年(1090年)四月二十八日,杭州知州苏轼跟他的属官刘季孙(字景文)起了一场争执。

也是杭州经年大旱,西湖日益干涸,葑草蔓生,湖将不湖。苏轼下决心发动民力疏浚西湖,挖除葑草,修筑一条湖上新堤,以此救灾,也是救湖。故而这天,他在州衙官吏的陪同下,一早北出凤凰山州衙双门(在今万松岭路东端附近,南宋皇城在此建和宁门),登临吴山,祭祷"城池护神"城隍。

这次祭祷非常隆重,除了一应香烛祭品,苏轼甚至在起草给朝廷的《杭州乞度牒开西湖状》(这篇著名奏章要到五月初五才上奏)之前,就专门写下一篇献祭"祝文"。在吴山祭祷结束后,苏轼还要去涌金门外西湖边的"水族统领"五龙王庙接着祭祷,然后再去宝石山下的"钱塘龙君"水仙王庙祭祷。先神明,后朝廷,一日三祭,可谓虔诚至极。

三处"祝文"合称《开湖祭祷吴山水仙五龙三庙祝文》,中心意思就是为生灵百姓浚治西湖,祈祷神明大力佑护。其中说道:"杭之西湖,如人之有目。湖生茭葑,如目之有翳。翳久不治,目亦将废。河渠有胶舟之苦,鳞介失解网之惠。六池化为眢井,而千顷无复丰岁矣……"这是苏轼第一次将西湖比作人的眼睛,希望在接下来的西湖疏浚中得到神助,"复有唐之旧观,尽四山而为际",还唐代西湖的本来面目。

苏轼一行人祭罢城隍,下吴山,西出涌金门(南宋时称"丰豫门"),再祭于湖畔五龙王庙。等到一行人抵达宝石山下水仙王庙躬行第三次祭祷时,发生了一场小争执。

两浙西路兵马都监兼东南第三将刘季孙眼见苏轼已经连赶两场"盛会",身心俱疲,作为属官,他要为知州大人分忧,便提出这次祭祷由他主祭。刘季孙为武将之后,一张黑脸满是又粗又长的虬髯。他执掌浙西地区武备,却无一

般武臣的粗俗之气，喜好文史，俸禄所得全换成了古文石刻、名迹异书，也好游历山川，豪爽脾性深得苏轼欣赏，是以两人平时过从甚密，公事上他也常能助苏轼一臂之力。

苏轼决意浚湖与刘季孙的一句话极有关系："我公开撩西湖之需，朝廷救灾钱粮余额一项，讨要度牒一项，仍有不足，本路兵马也可差遣。"他以其职权调派军兵浚湖筑堤，等于在财力和人力上为苏轼开浚西湖"兜底"了。

可这次苏轼断然拒绝了刘季孙的好意，坚持自己全程主祭，亲诵祝文。刘季孙则不依不饶，大着嗓门要对主祭之位取而代之，惹得苏轼差一点儿爆粗："你个不晓事的大胡子老黑！你也不想想去冬今春你的那几次祭祷？"

原来那时杭州实在旱得不行，刘季孙屡屡祈雨却不得。某天州衙会餐，天上阴云密布，刘季孙自告奋勇再行求雨。结果呢，大家头顶几星冰凉，老天爷只落了一点儿吝啬的小雪，一片云便随风而去。苏轼当即开涮刘季孙道："占雨又得雪，龟宁欺我哉？"见刘季孙一脸尴尬，苏轼转而又道："似知吾辈喜，故及醉中来。"总算给刘季孙留了点儿面子。现在苏轼搬出这段故事，意思是说：今儿一日三祭，事关西湖何去何从，须得虔诚再三，你在这里胡搅蛮缠净打"横炮"，捣什么乱！你那祭祷就两字——不灵！刘季孙大窘不已，只好让开作罢。

日落未落时，一行人祭罢水仙王后，赶到了"十三间楼"。这是位于西湖宝石山大佛头（也叫秦皇缆船石）之上的一个建筑群，天生一处观景台，苏轼在杭州时，非常喜欢在此看湖宴饮、办公作文。

但这时他累坏了，在一张竹榻上倒头便睡。恍惚间，他感觉还在水仙王庙里诵读祝文，周边却空无一人。恍然出了庙门，却见一水之隔的孤山那边，老少妇孺、贩夫走卒，人来人往。倏忽间自己也来到了孤山，辗转见到竹林中一座小筑，仿佛记得这是纪念林和靖先生的祠堂。正待进去，一人从门内走

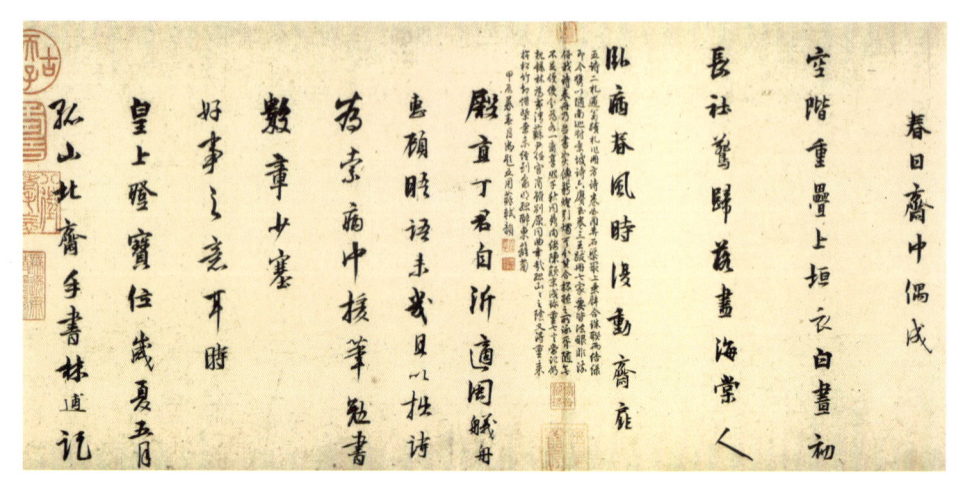

故宫博物院藏北宋林逋《自书诗卷·春日斋中偶成》　（姜青青提供）

来，炯炯双目，清瘦脸庞，高瘦个子，道骨仙风，转眼又不见了。他好生惊奇，随影而往，迎面一片梅树，青果累累，想起曹孟德望梅止渴的故事，咕咚咽了一口口水，竟自醒了——原来做了一梦。

已是掌灯时分，苏轼着实感到饿了，起身随便吃了点儿，还想继续睡，却一眼瞥见刘季孙一脸欣喜，抱一卷轴进了屋。苏轼顿时来了精神——这老黑此时来此，所挟必是妙趣之物！

虽有水仙王庙求祭不成的尴尬，但并不影响刘季孙与苏轼探古鉴今的雅兴，这次他带来的是西湖隐士林逋的一卷墨宝。两人灯下展卷，好一件俊物！是林逋自书五首诗作的手迹，书体秀逸瘦劲，风姿绰约，极似宋初李建中风骨俊瘦的书风。诗后题识："时皇上登宝位岁夏五月，孤山北斋手书，林逋记。"可知此作是67年前，北宋仁宗天圣元年（1023年）林逋归隐西湖孤山时所写。

和靖先生品格高洁，诗风清新，一直就是自己景仰的先辈，现在竟然一梦而见，一见其真，苏轼大感奇妙，于是即兴在诗卷之后题诗一首：

吴侬生长湖山曲，呼吸湖光饮山绿。
不论世外隐君子，佣儿贩妇皆冰玉。
先生可是绝俗人，神清骨冷无由俗。
我不识君曾梦见，眸子了然光可烛。
遗篇妙字处处有，步绕西湖看不足。
诗如东野不言寒，书似留台差少肉。
平生高节已难继，将死微言犹可录。
自言不作封禅书，更肯悲吟白头曲。
我笑吴人不好事，好作祠堂傍修竹。
不然配食水仙王，一盏寒泉荐秋菊。

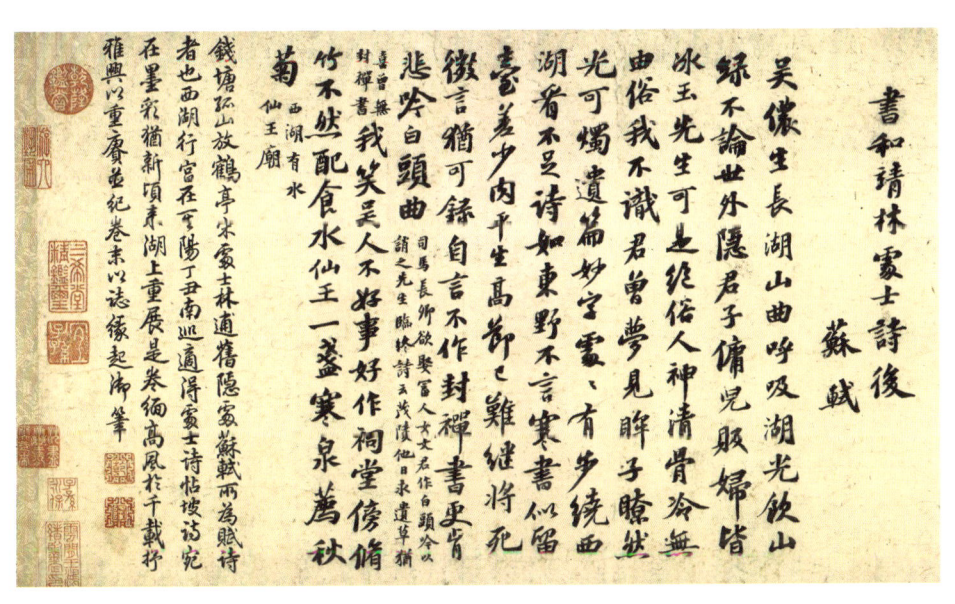

故宫博物院藏北宋林逋《自书诗卷》苏轼题跋　（姜青青提供）

诗中称赞林逋生活的环境、作为隐士的高洁、书法诗歌的特点，以及耿介不媚的高风亮节。林逋有《茆田》诗云："淤泥肥黑稻秧青，阔盖春流旋旋生。拟倩湖君书版籍，水仙今佃老农耕。"水仙王竟也做起了"地主"，于是苏轼在诗末不无开玩笑地说，和靖先生祠也太狭小了，应该请他来孤山水北配享水仙王，将蔓蔓茆田管起来。

林诗苏跋，两篇名人书法与诗歌相映生辉、珠联璧合，中国艺术史就此留下一段佳话。

苏轼等"三贤"成了水仙王"陪客"

"忽惊二十五万丈，老茆席卷苍云空。"从这年五月开始，苏轼与刘景文等人每天指挥数千军民，大干五个多月，完成了西湖疏浚和新堤修筑等惠民工程。这是西湖史上具有划时代意义的重大工程，不但西湖再次得到治理，而且苏堤与白堤从此一同支撑起西湖景观的基本格局。只是苏轼未及好好流连品题西湖新景，便于次年三月被召回汴京。继任者林希顺应民心，在新堤牌坊上题名"苏公堤"。但随着苏轼遭受迫害被贬岭南，"苏公堤"牌坊又很快被后任吕惠卿毁去。

北宋之末党禁渐弛，杭州第一次在孤山广化寺出现了以白居易、林逋和苏轼三人为祀奉对象的三贤堂。最初因为广化寺中有唐代竹阁遗迹，仅祀奉白居易一人，之后加上了林逋与苏轼，就有了"三贤堂"之称。

那么问题来了：白居易和苏轼因有惠民之政而备受大众尊崇，林逋一名独善其身的隐士，又何以能跻身三贤堂中？即使明清时期西湖又有"四贤堂"（原三贤再加一唐代李泌），林逋依然不可或缺。

其实，林逋虽无功业于世，却把毕生精力倾注在了西湖，是名副其实的"西湖诗人"。他的诗歌如《山园小梅》（其一）的颔联与颈联"疏影横斜水清浅，暗香浮动月黄昏。霜禽欲下先偷眼，粉蝶如知合断魂"，被誉为咏梅的千古绝唱，而且像"先偷眼""合断魂"的艺术描写，开启了西湖人格化的境界，是苏轼"欲把西湖比西子"予以西湖人格化定格的先声。西湖的清雅格调、恬淡意境、中和意韵，无不因林逋而成为一种极具魅力的人文底色。人们总是喜欢把林逋和对西湖发展起过重大作用的人物相提并论，对此现象，明代杨孟瑛说："西湖之功，成自三贤；西湖之风，参以逋仙。"因此，三贤堂的建立，可以视作是对西湖文化的一种定格。

不过，三贤后来的境遇在南宋却几经变故。

宋高宗定都杭州后，为宣扬"君权神授"，在孤山创建四圣延祥观，竹阁随广化寺被迁至北山路口，三贤堂则被废弃。

直到南宋孝宗乾道五年（1169年），临安府尹周淙某天读到140多年前林逋的那幅《自书诗卷》，以及80年前苏轼在林逋手迹后的题跋"不然配食水仙王，一盏寒泉荐秋菊"，深有所感，便利用宝石山下水仙王庙东侧厢房，重建三贤堂。当时的水仙王庙人多嘈杂，周淙在此恢复三贤堂，也是期望以三贤名望抑制此庙中的喧闹氛围。这番操作让消失多年的三贤堂重回湖上，功莫大焉！

但周淙做事还是稍欠考虑，由此带来了三贤堂的再次迁建。

半个世纪后的南宋宁宗嘉定十五年（1222年），临安城再遇旱情，时任临安知府的袁韶某天来到水仙王庙祈雨。但见这水仙王庙坐北朝南，水仙王像华彩鲜丽，居于正堂之上，而三位先贤塑像只能"俯首"居于祠庙一侧。周淙当初将三贤堂建于水仙王庙，意图抑制庙中的喧闹，现在看来收效甚微，因为知府大人前来祈雨，官府的帐篷在三贤堂前随处搭建，一片乱糟糟的，毫无敬重之意。更有一班吏卒喧嚣其间，箕踞堂前，祠谒三贤应有的礼敬氛围荡然无存。袁韶看得眉头都皱起来了。

而当袁韶了解到那卷林逋手迹和苏轼题跋后，更觉得周淙做法不妥。苏

宋版《咸淳临安志·西湖图》局部　　（姜青青提供）

轼诗中只是说到林逋可以"配食水仙王"，周淙却把苏轼连带白居易也一并请入水仙王庙"配食"祔祀，仿佛水仙王的"陪客"，这是不是太过了？

于是，袁韶上书朝廷，说"正当苏堤之中"的地方现已寻得一所荒废的花坞，"前挹平湖，气象清旷，背负长冈，林樾深窈，南北诸峰，岚翠环合"，提议将三贤堂迁建于此。宋末官修的《咸淳临安志》"西湖图"上，在苏堤第三桥（即望山桥）和第四桥（即压堤桥）之间，清晰地标示了三贤堂的位置。该书收录的吏部侍郎程珌撰写的《三贤堂记》说此地风景绝佳："规度逾之，得之堤旁稍西百步，宿号花坞，后垄如屏，众木摇天，前峰如幕，晴岚涨烟，十里湖光，一碧澄鲜。"点出了花坞之地在苏堤西侧百步（约合今天的150米）方位。

袁韶的提议得到朝廷许可后，便在花坞此地修建堂宇，辟建勾连苏堤的大道，奉安三贤。据《咸淳临安志》记载，三贤堂"祠堂之外，参错亭馆，周植花竹，以显清概……又有堂三，曰'水西云北'，曰'月香水影'，曰'晴光雨色'"。三堂题名分别点出了三贤歌咏西湖的诗作名篇。

程珌《三贤堂记》说："千杵筑堤，万斧治宫，栽花莳竹，石梁卧虹。昔有酒亭，徙之桥北，一径窈然，与人世隔。如宫水精，如屋琉璃。乃奉三贤，祠而祝之……僝工于壬午之腊，竣役于癸未之春。"这里言简意赅地描绘出三贤堂建造和园林上的一些细节，并记载了营造时间，即开建于南宋嘉定十五年（1222年）冬季，竣工于次年春季。

袁韶迁建三贤堂本是为了让三贤免受滋扰轻慢，用为教化之所，但此后他却有违初衷，一举不当，招来了社会舆论的讥讽。宋元笔记记载，苏堤三贤堂建成后，袁韶"大榷酒利，虽湖上三贤堂亦令卖酒。有题诗于壁者曰：'和靖东坡白乐天，几年冷落在湖边？如今往事都休问，且为袁韶办酒钱'"。

这首题壁诗说，以前你们仨总是抱怨在水仙王庙被冷落了太久，现在你们终于火了，别再啰唆，赶紧襄助知府大人多卖几个酒钱吧。临安府地方长官征收酒税本是分内事，但袁韶在三贤堂的此举显然失当。幸好他后来闻过则改，三贤堂里卖酒吃的咄咄怪事才被制止。

宋元画中两座三贤堂的异同

三贤堂迁建苏堤之后，文人雅士西湖览胜有了新的景点。程珌有"四方来观"之说，时人王柏也有诗云："要识湖山真面目，偷他冷月访三贤。"或许是在这样的背景下，出现了南宋马元忠的画作《山水图》。宋元时期还有一幅有名的写实画作《西湖清趣图》（作者不详），描绘环绕西湖一周的景物，苏堤三贤堂当然也在其中。

马元忠《山水图》视角大致取45°鸟瞰角度。这与南宋时期诸多西湖题

三贤堂　（张关春摄）

材绘画如夏圭《西湖柳艇图》、陈清波《湖山春晓图》、李嵩（传）《西湖图》等的视角一脉相承。从绘画布局来看，苏堤三贤堂建筑群（画上仅有一半）及其背景西山，为此画重点。但画师又对实际空间比例进行了压缩，拉近三贤堂与其右侧压堤桥的距离，以桥压住画面右边的空间：桥上红栏杆和桥堍红望柱，以及跨桥而来的三名打伞游客，以这样的艳丽色彩和动态人物活跃画面右端，使整幅画产生了艺术上的平衡感。

将《山水图》与《西湖清趣图》上的三贤堂放在一起看，又可见两者之间是存在差异的。先看入口一带的四个细节：一是入口两旁的围墙构造非常相

弗利尔美术馆藏宋元佚名《西湖清趣图》中的三贤堂　　（姜青青提供）

像，但围墙内，《山水图》仅有园亭存在，《西湖清趣图》则画有长势茂盛的丛竹；二是入口处，《山水图》上没有门，只有两杆红色望柱，而《西湖清趣图》却有一座红色木衡门，如同古代城市坊巷口两柱夹道、横梁题匾的牌坊；三是两幅画随后均绘出一座拱桥，但详略各异；四是《山水图》上拱桥之后为一甬道，两侧设置栏杆，栏杆之外是岸芷汀兰，而《西湖清趣图》上过桥接一方整平台，临水四周围以栏杆，植以桃树，但水面上空无一物。

上述四个细节，究竟以谁为是？前面引述的袁韶之言"周植花竹"，以及程珌说的"栽花莳竹，石梁卧虹"，可见三贤堂一带陆地种有花卉和竹子。是

上海博物馆藏南宋李嵩（传）《西湖图》中的苏堤第三至第四桥段，左下圆图为三贤堂放大图　（姜青青提供）

以《西湖清趣图》所绘更符合袁、程记载，《山水图》仅有水生植物。而在拱桥的描绘上，也是《西湖清趣图》细节更多，更胜一筹。

再说门，对照南宋李嵩（传）《西湖图》局部放大图，细看之下可以发现，有一座由立柱横梁构建的木衡门。因此，还是《西湖清趣图》的图像更接近事实。

当然，在技法上，《山水图》属于山水画，重在写意，而《西湖清趣图》

是界画，偏于写实，两者的艺术构思、景物取舍和风格技法各不相同，并不能强求一律。而且，三贤堂存在于苏堤上半个多世纪，这期间四周花木或因季节枯荣，或因病害凋萎，其入口木门受寒暑风雨的自然侵蚀而有重修、更替和变化，由此造成三贤堂建筑细部和生态环境在不同图像之间的差异，当属正常。

再看这两幅画上三贤堂主体建筑的差异。两者均绘有黑色墙面的廊庑，且廊庑里外都有垂柳栽植。《山水图》上的廊庑更为规整，四方围合三贤堂的主体建筑；廊道进门处设有栅栏，内外壁上洞开类似壸门状的半圆形窗户；正堂为一主两挟屋，当是奉祀三贤之堂；之后便是一片空地。《西湖清趣图》上的廊庑不甚规整，营建于主建筑两旁与后侧。两侧廊庑各又接出一廊道，旁通一南一北水岸边的两座位置对称的水堂，水堂为双脊三开间构造，其红格子窗甚为少见；主体建筑前设围墙，中开门厅（两边各有一耳房），入门厅后为正堂，也是一主两挟屋；紧贴正堂之后又有一后堂。

这两幅画上的主体建筑只有正堂相似，其余建筑在形制上颇多差异，甚至彼有此无，不一而足。造成两者之间差异的原因，除了画种、风格的不同之外，或许《山水图》所绘为南宋中期初创未久的三贤堂，《西湖清趣图》上的则是南宋末年的构建。两者前后相隔数十年，而后者在前者基础上更有修缮、改建、新建之处，这也正是程珌《三贤堂记》末尾所歌"倘来者之能必葺兮，期分尔席之西东"之意。

赓续遗韵

苏堤三贤堂存世有半个多世纪，直到宋亡之后圮废。南宋诗人方回入元后，写有一首《三贤堂已无，官卖其址》："三贤无像亦无堂，败柳犹垂赤土墙。官卖神祠有前例，熙宁丞相起坊场（原注：江南卖酒谓之春场）。"三贤堂虽然已废，但诗人仍对袁韶当年在此卖酒之事耿耿于怀。

此后，元至元三十一年（1294年），三贤堂重建于杭州城内西湖书院，由此退出西湖景区。

再说林逋《自书诗卷》，后来在明代曾为王世贞和王世懋兄弟经眼，清代乾隆二十二年（1757年），乾隆皇帝在南巡杭州时喜获这幅书卷。林逋和苏轼诗书并美，让他深爱不已，兴之所至，他在林逋和苏轼墨迹之间"乘隙"插入了自己步苏轼原韵题写的一首诗，其中有云："新得先生遗墨妙，日观不厌继以烛。五诗神合暗香句，清峭雄浑无不足……马迁死后良史无，峰色湖光皆实录。即景合璧咏双绝，和吟岂谢巴人曲……"随后又在苏跋之后题道："钱塘孤山放鹤亭，宋处士林逋旧隐处，苏轼所为赋诗者也。西湖行宫在其阳。丁丑南巡，适得处士诗帖，坡诗宛在，墨彩犹新。顷来湖上，重展是卷，缅高风于千载，抒雅兴以重赓。并纪卷末，以志缘起。"

林逋和苏轼的这件合璧佳作从此入藏清宫内府（今藏故宫博物院）。此后乾隆皇帝又分别在乾隆二十七年（1762年）、三十年（1765年）、四十五年（1780年）三次用苏轼原韵御题七言诗。前后四叠苏韵题诗，足见乾隆皇帝"缅高风于千载，抒雅兴以重赓"的情怀，更透露了他对杭州西湖文化的倾慕之情。

如今，走在西湖苏堤第二桥（锁澜桥）与第三桥（望山桥）之间，与小瀛洲三潭印月隔水相望的东侧绿地上，可见一座新建的黛瓦红柱长廊建筑，北廊入口匾题"水西云北"，长廊中堂匾题"月香水影"，南廊入口匾题"晴光雨色"。长廊前硕大的湖石上，刻"三贤堂"三字。湖石边的中英文对照说明牌称："三贤堂亦称先贤堂。南宋宝庆二年（1226年），为纪念白居易、林和靖、苏轼三位西湖先贤，临安府尹袁韶在锁澜桥与望山桥之间，建立三贤堂，元初堂废。2021年，在原址附近重建三贤堂。"

乾隆皇帝的秘密花园发现记

魏祝挺

发现小有天园

2018 年年底，我和杭州摩崖石刻爱好者奚珣强在浙江省博物馆"佛影灵奇——十六国至五代佛教金铜造像"展中结识。他对展览中的吴越国金铜造像很感兴趣，说西湖野山里有一处无人关注的石窟造像，很可能也是吴越国的，要带我去看看。于是我带着学生，跟着他一起去探访，后来又多次调查并撰写报告，这就是如今小有名气的九曜山吴越国石窟造像。

2019 年年初，奚珣强在南屏山又有新发现，于是我们再次出发。

南屏山在西湖之南，东西伸展，石壁陡峭，如同屏障一般，故名南屏山。由于南屏山北麓现在属于军事管理区，因此只能从山顶往下探访北坡的山腰以上部分。1 月 18 日下午，我们一行十多人，从南屏山西北麓的太子湾公园上

自太子湾公园东望南屏山望湖亭遗址　（魏祝挺提供）

山，沿东西向的山脊线游步道，首先登上南屏山巅。在山巅稍事休整，即从北坡下山，离开了游步道。北坡没有路，只能寻找缓坡慢慢下降。经过了大半个冬天，山上落满枯叶，很不好走。碰到陡坡、峭壁，大家就互相帮助，一列纵队，鱼贯而下。

从山巅下行，垂直高度下降大约30米，我们先来到一处隆起的小山头。山头的顶部大约30米见方，中部隆起，形似馒头。顶部位置有一块高约50厘米的小石碑，中部已断裂，石碑上刻有"宜尔堂"三字，应该是清末民国时期的私人界碑。站在顶部，透过冬日稀疏的乔木丛，波光粼粼的西湖展现在眼前，苏堤纵贯正中，直达北山。奚珣强认为，这处隆起的山头，形似荔枝，可能就是古人所说的荔峰。

荔峰下方，有一处小型平台。平台旁有石壁，刻有大幅的隶书题记，上写"宋皇祐辛卯岁季秋既望，浦延熙、李乔游南屏山题记"。

这是北宋皇祐三年（1051年）官员浦延熙、李乔宦游于此的题记。这也是目前南屏山最高处的题记，说明北宋人也会登临刚才的荔峰观赏西湖。

继续下行，垂直高度下降约20米，我们来到一处开阔的平台。平台约长20米，进深10米，面朝西湖，但为乔木所遮挡，后有大片石壁。平台上布满枯枝，深达半米，走在上面，一不留神就会落入枯枝的"陷阱"。但细看之下，很多树枝还很新鲜，并不是自然断裂的，而是被有意识地切断、采集并堆放到这处平台。这里数十年没有人迹，应该是野猪建造的巢穴。可能是听到我们下山的声音，野猪都已经跑远了。

该处开阔平台的后方石壁上，残存北宋题刻多处，均为奚珣强历次探访所发现。在众多北宋题记的最上方，距地面3米左右，还有一处尚未经辨识的题刻龛。龛为横长方形，长140厘米，宽75厘米，遍布青苔，又有树根遮挡。我和奚珣强攀上崖壁，凑近题刻龛，拨开青苔，发现最左侧的一行文字尚

探访乾隆帝诗刻龛　（魏祝挺提供）

自望湖亭遗址远眺西湖苏堤　（魏祝挺提供）

能辨认，有"小有天园"等字。龛左下角的钤印也清晰可辨，印文"乾隆御笔"，可证这是一处乾隆御书题刻。虽然该题刻整体被青苔覆盖，但大部分文字笔迹犹在，若清除苔藓，细加拊拓，应能辨识全文。

经仔细比对，我们在国家图书馆古籍拓本资料库中找到了该题刻的清代完整拓本。拓本长134厘米，宽70厘米，略小于题刻龛尺寸，十分相符。该诗即乾隆帝八首御制小有天园诗的第六首，清乾隆三十年（1765年）他第四次南巡时，在小有天园题写《游小有天园登绝顶》，全文如下：

> 最爱南屏小有天，
> 登峰原揽大无边。
> 易诠藉用怀司马，
> 琴趣那能效米颠。
> 百卉都知斗春节，
> 千林乍欲敛朝烟。

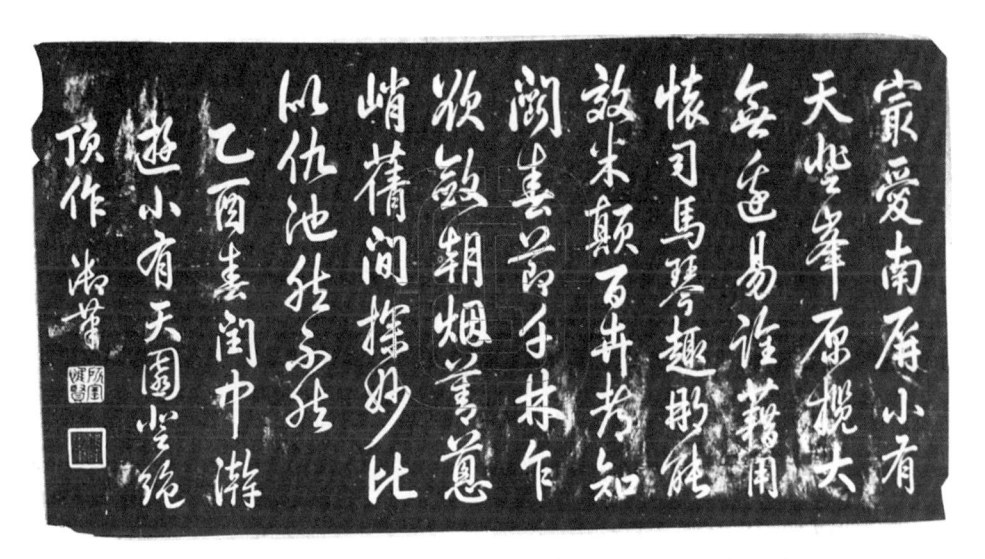

国家图书馆藏清乾隆乙酉年（1765年）小有天园御诗拓本　　（魏祝挺提供）

菁葱峭蒨间探妙，

比似仇池然不然。

乙酉春闰中浣游小有天园登绝顶作，御笔。

印文：所宝惟贤　乾隆御笔。

从落款来看，乾隆帝于闰二月中旬游览小有天园，兴之所至，登临绝顶，作诗纪游。首联直截了当，表现了作者对小有天园的喜爱，登临山顶，眺望西湖，景观壮丽，如天开图画。颔联记录了小有天园的两处著名宋代题刻，司马光的《易经·家人卦》题刻和米芾的"琴台"榜书，详见下文介绍。颈联描述了西湖春季百花齐放、林壑幽深的美。尾联再次强调了小有天园的独特趣味——穿山探洞，如同仇池国的小有天，名副其实。整首诗，将小有天园的远景、古迹、花木、洞壑之美融为一体，充分解释了"最爱南屏小有天"的理

A. 北宋郑民彝等题名；B. 北宋司马池、司马光题名；C. 清乾隆帝乙酉年小有天园御诗；D. 北宋苏舜钦等题名；E. 清乾隆帝"入云"榜书；F. 北宋张若谷、张从革题名　　（魏祝挺提供）

由，是乾隆帝难得的佳作。

在乾隆帝小有天园御诗题刻的下方不远处，还有乾隆帝同年题写的"入云"榜书二大字，表现了此处地势之高、视野之佳。根据这些实物的位置关系，并对应清代《南巡盛典》和《浙西胜览全图》中的小有天园图，可知目前我们所处的这处开阔平台，即小有天园最高处的望湖亭。只可惜如今树木丛生，眺望之视野大受阻碍，但从树木缝隙处远望，夕阳返照，远山如眉，西湖如镜，苏堤如带，风景绝胜，无愧"望湖"之名。

如今的望湖亭遗址，仅存台基，而整个山下的小有天园清代建筑也已经荡然无存，园址大部分属于军事禁地，难以进入。幸运的是，我们在可以到达的范围内发现了属于小有天园最高处的部分遗存，并且，这也是清代中期"江南四大名园"（杭州府小有天园、江宁府瞻园、苏州府狮子林、海宁州安澜园）

之一的小有天园遗址区域内，至今发现的唯一一处遗存有小有天园字迹的题刻。从某种意义上说，在乾隆帝题写此诗250余年后，我们重新发现了西湖第一名园，也是乾隆皇帝的最爱——小有天园。

小有天园的前世

清代小有天园的望湖亭，除了乾隆帝题写的小有天园诗刻和"入云"榜书，当时就残留有大量北宋题名，如北宋康定二年（1041年）的张若谷、张从革题名，北宋庆历二年（1042年）的郑民彝等题名，庆历二年苏舜钦等题名等，被记录在《两浙金石志》之中。这说明该处平台早在北宋时期即为人所知，为湖南赏景绝佳之处。

北宋时期，南屏山北麓属于兴教寺。兴教寺建于吴越开宝五年（972年），与不远处的雷峰塔（当时称"皇妃塔"）同时动工。寺内有大佛殿、五百罗汉殿、十六罗汉殿等，在南山寺院中，本来倒也不算突出。但北宋时的兴教寺放生池可是大名鼎鼎，池中有当时刚刚引种培育的金银鲫鱼。金鲫鱼红灿若金，银鲫鱼雪白如银，在宋人眼里，确是珍奇之物。

日本比叡山延历寺高僧成寻，于北宋熙宁五年（1072年）四月二十九日访问杭州兴教寺。他在日记中特别写到，兴教寺"有方池，有黄金白银鱼出游"。

苏东坡再度任官杭州时（1089—1091年），重访老友兴教寺臻禅师，他题诗道："我识南屏金鲫鱼，重来抚槛散斋余。"见到十几年不见的金鲫鱼，也如老友重逢，投食喂鱼，兴致盎然。

兴教寺不仅有金鱼池，还有南屏山。

《咸淳临安志》记载："南屏山，在兴教寺后，怪石耸秀，中穿一洞，上有石壁，若屏障然。"怪石嶙峋，有穿岩探洞之趣，不亚于天竺寺后山的青林、香林诸洞。又载："（兴教寺）旧有齐云亭、清旷楼、米元章琴台，今皆废。"

南宋时大诗人杨万里曾于清旷楼赏景，有诗云："清旷楼中夕眺间，落晖残雨两生寒。楼中占尽南山了，更占西湖与北山。"下赏金鱼，中攀怪石，上览西湖，一寺三景，这就是兴教寺的迷人之处。

从以上史料来看，我们到达的平台——清代小有天园的望湖亭，可能就位于北宋兴教寺的齐云亭，为宋代南屏山望湖佳处，因而题刻众多。

北宋康定元年（1040年）夏天，杭州知州司马池及其子司马光前来游赏，题有"康定元年岁次庚辰八月廿九日被诏□知□州□□南屏山□□胜□司马池□男光侍行"。

史料记载，两浙转运使江钧、张从革与杭州知州司马池不睦，诬告其罪，使得当年九月时，司马池降知虢州。从刻石来看，八月底司马池即已得诏，离别杭州之前，带时年22岁的儿子司马光一同游览南屏山，最后一次游赏西湖。该题刻风化严重，历代金石志均无考，由奚珣强首先发现。

北宋康定二年（1041年），杭州知州张若谷和两浙路转运使张从革，这两位杭州最高级别的官员，于暮春之际游山而来，宴饮欢坐，对望西湖，至晚方归。两人于亭后崖壁留题："龙图阁学士、刑部侍郎、知府事张若谷，两浙路体访安抚、三司度支判官、税课转运使、司勋郎中张从革，康定辛巳暮春二十三日，游晏此山，尽日而去。"次月，张若谷和张从革就相继调任。南屏山之游，应是他们在西湖的美好记忆。该题刻著录于《两浙金石志》中，现存。

当年年底改元庆历，冬天十二月，新任杭州知州郑戬，两浙路转运使李定、吕觉，以及到访的京官钱仙芝、蔡襄也慕名而来，游赏兴教寺，并爬上南屏山，留题于前任郡守之侧："资政殿学士、谏议大夫、知军州事原武郑戬天休，转运使、尚书兵部员外郎陇西李定子山，转运使、尚书□部员外郎东平吕觉秀民，尚书祠部郎中、集贤校理彭城钱仙芝绮翁，著作佐郎、馆阁校

清《浙西胜览全图》"小有天园图"　（魏祝挺提供）

勘莆阳蔡襄君谟，庆历元年辛巳十二月十日题。"蔡襄彼时才30岁，年纪最小，但他书法出名，后为"宋四家"之一，当仁不让书写此刻。20多年后，他也出任杭州知州，彼时他再上南屏山，拂拭这一青春时代的题刻，应是充满着回忆。该题刻著录于《两浙金石志》中，当代未能访获，可能被掩埋在平台下部。

仅仅过了一个月，北宋庆历二年（1042年）正月，知州郑戩的儿子郑民彝就带着自己的弟弟和朋友们，追随父辈的足迹，寻访此地，于亭后留题："郑民彝德常、弟民□先觉、民度仲详、陈浚□叔、徐待用用之、上官拯并济、黄应叔和。庆历二年壬午正月十九日游此。"该题刻著录于《两浙金石志》中，现存。

又过了半年，夏天八月时，杭州地方官苏温雅和苏舜钦等也前来，留题于此："苏温雅、舜钦、杨混。庆历二年八月六日倩仲题。"该题刻著录于《两浙金石志》中，现存。

自北宋康定元年（1040年）暮春三月到庆历二年八月这两年多里，至少五批文人士大夫纷至沓来，游赏兴教寺，登临南屏山，留题于此，季节则包含春、夏、冬季，说明当时的官员文人对于南屏山的喜爱，四季景色皆有意趣。

望湖亭平台的正下方约20米处，还有一处平台，宋代时名为"琴台"，清代则成为小有天园中的南山亭。南山亭背后也有大片石壁，至今尚存北宋米芾的"琴台"榜书二大字，以及南宋人翻刻的北宋司马光所书《易经·家人卦》《中庸》《乐记》等儒家经典内容的巨幅摩崖题刻，气势磅礴。米芾和司马光的摩崖石刻，是南山亭中的著名景观，深受乾隆帝喜爱，有御诗碑遗存。

乾隆最爱的小有天园

拥有齐云亭、清旷楼、琴台等著名景观的南山名刹兴教寺，在南宋末年即已衰败。

《咸淳临安志》记载："（兴教寺）旧有齐云亭、清旷楼、米元章琴台，今皆废。"元代寺院荒废，明代时此地成为私人庄园壑庵。清初，壑庵归于徽州人汪之萼，后经其孙汪守湜累加营造，"葺沼为园，轩槛周遭，亭廊匼匝，皆擅胜致"，终于在乾隆年间蔚为大观。

清乾隆十六年（1751年），初次南巡时，乾隆帝于西湖南山经过汪氏壑庵，驻足游赏，赞叹不已。由于壑庵背靠南屏山，山石嶙峋，洞穴窈深，颇似甘肃西和县古仇池国境内的道教洞天小有天，遂赐名"小有天园"。

后来，乾隆在乾隆二十二年（1757年）、二十七年（1762年）、三十年（1765年）、四十五年（1780年）、四十九年（1784年）的历次南巡时，必游赏小有天园（1765年时甚至来了2次，共计7次），每次游赏必有诗篇吟咏（1762年来访时连作2首，共计8首）。小有天园于是名声大噪，成为清代著名的江南四大名园之一。

全盛时期的小有天园，可参见《南巡盛典》《浙西胜览全图》中的图绘。全园坐南朝北，最北侧的码头直达西湖边。中轴线三进大堂，最后一进悬有乾隆御笔小有天园匾额。西部为生活区，屋宇十数间。东部为园林区，以池塘为中心，环以亭榭游廊。后山即慧日峰，山石嶙峋，菁葱峭蒨，高处有南山亭、望湖亭、御碑亭等景致，无树木阻隔，视野绝佳。

乾隆最喜爱小有天园，七次临幸，八次题诗，"为之流连，为之倚吟"。在这八首御制诗中，笔者发现了一个有趣的现象。这八首诗的首联分别写道：

佳处居然小有天，南屏北诸秀无边。（初次南巡作）
蔚然深秀秀而娟，宛识名园小有天。（二次南巡作）
南屏峰下圣湖隈，小有天园清跸来。（三次南巡作）

不入最深处，安知小有天。（三次南巡再作）

花木昌如候，名园小有天。（四次南巡作）

最爱南屏小有天，登峰原揽大无边。（四次南巡再作）

小有天园吾所名，既窈而深复明净。（五次南巡作）

向年游此园，无过咏佳景。（六次南巡作）

八首诗中，居然有七首的首联均提到了小有天园的名称。只有最后一首，可能是实在写不进去了，这才放弃。可见乾隆对小有天园这一题名多么迷恋。

乾隆不只在巡幸江南时必到小有天园，早在第二次南巡之后，他就在北京圆明三园的长春园思永斋的东部小院中仿造了小有天园。这是圆明园中第一次明确完整仿制江南名园的实例，具有首创意义。他亲作《小有天园记》，写道：

左净慈，面明圣，兼挹湖山之秀，为南屏最佳处者，莫过于汪氏之小有天园。盖辛未南巡所命名也。去岁丁丑，复至其地，为之流连，为之倚吟。归而思画家所为收千里于咫尺者，适得思永斋东林屋一区，室则十笏，窗乃半之，窗之外隙地，方广亦十笏。命匠氏叠石成峰，则居然慧日也。范锡为宇，又依然壑庵也。激水作瀑，泠泠琤琤，不殊幽居洞之所闻。而黄山松树子虽盈尺，有凌云之概，夭矫盘拏，高下杂出，于石笋峭蒨间，复与琴台之古木苍岩，玲珑秀削，不可言同，何况云异。……

这座高仿的小有天园，其实是一方不过百余平米的微缩版园林，但其中依然仿建了南屏山慧日峰、幽居洞、琴台、壑庵等意象，均是乾隆念念不忘的

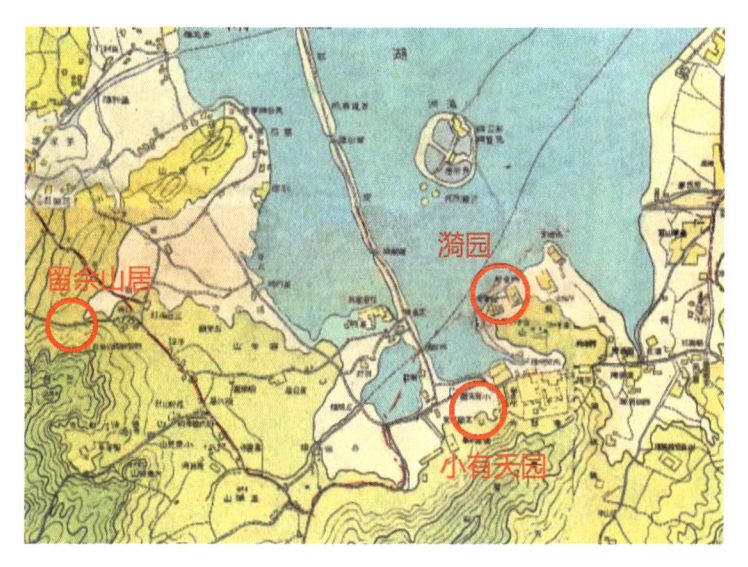

乾隆时期杭州西湖三大私家园林的位置关系，底图为1929年杭州全图（局部），红圈为笔者所加　（魏祝挺提供）

杭州小有天园景致。

乾隆西湖名园一日游

西湖私家园林中，除了最蒙乾隆喜爱的小有天园，还有他多次临幸的漪园、留余山居、蕉石山房、吟香别业等，俱有题咏。其中，小有天园、漪园和留余山居这三处西湖南山私家园林，均由乾隆亲自改名赐额，题咏也最多，可称为他的心头好。

漪园，今已不存，旧址在雷峰塔西，依水而建。据《咸淳临安志》，南宋时此处为大太监甘升的甘园，宋理宗也曾临幸，当时有御爱松、四面堂、望湖亭、小蓬莱、西湖一曲等景点。据《湖山便览》，雍正年间杭州人汪献珍重修此园，"增构亭榭、杂莳卉木，沿堤为桥，以通湖水"，更名为慈云园。清乾隆二十二年（1757年），二下江南的乾隆帝临幸此园，爱其水景，御题"漪园"为额。之后数次下江南，乾隆必至漪园观景，并多次题咏，对漪园美景赞叹不已。

如今雷峰塔下的西子宾馆，其西侧区域即清代漪园的遗址。漪园的地表建筑已经全毁，只留下一方巨大的池塘，可与《南巡盛典》《浙西胜览全图》的"漪园图"中，亭台楼阁环绕的一方大水池相对应。

留余山居，今已不存，旧址在南高峰东麓，依山而建。《湖山便览》云："留余山居：在南高峰北麓，由六通寺循仄径而上，灌木丛薄中，奇石林立，不可名状。"这处园林，是清代山阴人陶骥于此"疏石得泉，泉从石壁上下注，高数丈许，飞珠喷玉滴崖，石作琴筑声"，于是他在泉水边营造庐舍、亭榭、楼台。清乾隆二十二年（1757年），乾隆帝也临幸此园，爱其山景，御题"留余山居"为额，并御题泉旁亭曰"听泉"。此后数次下江南，乾隆也多次到访留余山居，题咏此处，十分钟爱。

如今南高峰东麓的六通宾馆后，沿荒径至半山腰的一方平地，即清代名园留余山居的遗址。山居的地面建筑已经不存，但是铺石小径仍在，一片奇石中，有悬崖流水，旁有石梁，与《南巡盛典》《浙西胜览全图》的"留余山居图"中的瀑布及石梁一致，可证此处即留余山居中的听泉亭所在。可惜留余山居遗址大部分已经被百年来的山洪冲毁，目前尚未发现题刻信息。

乾隆特别喜爱这三处西湖名园，因为三园同处西湖南岸，相距不远，他甚至还专门设计了一条"一日游三园"的路线。

让我们回到清乾隆三十年（1765年）闰二月中旬的一天，这已是乾隆第四次南巡。这一天他计划游览小有天园、漪园、留余山居这三处西湖名园。

上午，乾隆从位于孤山的西湖行宫出发，坐船自北向南纵穿外湖，首先抵达雷峰塔下的漪园，近观湖上园林。漪园引西湖水入园，内外湖景，两相辉映，浑然天成。乾隆欣然题诗《漪园》：

清《浙西胜览全图》"留余山居图"　（魏祝挺提供）

一园倚南岭，十亩占西湖。
荡桨到门第，开轩晒画图。
鸢鱼机表察，花柳镜中铺。
有术如观水，谁能舍此乎？

中午时分，乾隆来到不远处南屏山下的小有天园。在大堂稍作休息，乾隆就信步登临南屏山，穿幽居洞，登南山亭，欣赏司马光和米芾的名迹。之后，他继续上至望湖亭，这里也是小有天园之绝顶。欣赏多方宋人题刻后，乾隆一览南北两山，全湖风景，近在眉睫。兴之所至，他挥笔题写《游小有天园登绝顶》。

这一诗刻，250余年后，被我们在小有天园的望湖亭遗址访获。

下午时分，乾隆出小有天园，往西过赤山慧因涧、高丽寺，到达南高峰北麓的六通寺前，循山径入留余山居。山居位于南高峰中腹，茂林清幽。他听泉于园中瀑布之下，遥想千载之前苏东坡也曾听泉于此，心向往之。山居最高处建筑，北有望湖楼，南有望江亭，分别可远眺西湖和钱塘江，凭虚临风，江湖一览，可谓快哉。最后，乾隆题写《留余山居》一诗：

南山北麓有山居，早识清幽试访诸。
荦凿奇峰中进辇，砑司悬瀑近溅裾。
千林黝蔼藏浓雾，一气空蒙合太虚。
不尽兴而便言返，吾原每事欲留余。

傍晚时分，饱览美景的乾隆帝遗憾未能"留余"山中，只能言返。御驾起航，舟回孤山西湖行宫。这一日西湖三园之游，登山游湖，探洞听泉，远近高低，景观各异，乾隆可谓是深得西湖意趣的知音。

大井巷的小确幸

童笑雨

在杭州，如果想访古，首先看地名。

如果地名带个"巷"，那就一定有点儿年头，如果名字里还有个"井"，那就带"包浆"了。

若从某个字出现的频率看，带"井"字的坊巷有点儿多。

因为离海太近，在漫长的岁月里，杭州这座城市的饮用之水都带着海潮的咸苦。为此，每户人家都会凿井取水，所以有很多因水井而得名的巷子。大井巷、百井坊巷、柳翠井巷、饮马井巷等，不胜枚举。

大井巷就是如此，但如今，如果你没去过大井巷，就算落伍了。有人评价，这里历史感与时尚感兼具。

它不足300米长，一头在中山路御街，一头在河坊街，都是杭州最有历史感的街区，但这里，没有熙熙攘攘的嘈杂声，多的是静谧。街道两旁的粉墙黛瓦、历史古建让人不自觉地涌上一份谈古怀旧之情。

一

大井巷有钱塘第一井，又名大井，旧名寒泉、吴山井，为五代吴越国国师德韶所凿。

初凿时，井周长四丈（约13米），规模甚大，井口无盖。它是吴越国水利建设重要的实物见证，也是杭州现存最早的古井之一。

因为大井紧靠城隍山脚，所以泉水清澈，源源不断，况且井口大得可以让人绕着它跑步，当时人们左思右想，想不出一个符合它身份的名字。后来不知道是谁，灵机一动，嘿，就叫它大井，大佬级的井，巷子就叫大井巷。

南宋淳祐七年（1247年），杭城大旱，唯此井不涸，众人都感到神奇。之后临安知府赵与筹就在井旁立祠保护。

明洪武七年（1374年），参政徐本在井边立石，刻"吴山第一泉"五字，

钱塘第一井　（王跃光摄）

背面记述了该井在南宋淳祐年间大旱时利民之事，不过现在石碑已经废弃了，五眼井还留存着，泽被民生，惠及百姓。

以前大井巷的老杭州们一直用井水过日子，用井水冲凉、洗衣，夏天在此纳凉、聊天。现在的五眼井已经成为一个景点，每天都有来自四面八方的游客慕名寻来，感受老巷一去不复返的市井味道，再去寻觅胡庆余堂、孔凤春、朱养心膏药店、保大参号等老字号的踪迹。

但遗憾的是，目前巷子内仅存胡庆余堂和孔凤春，其余都为旧址。

胡庆余堂就在大井巷和河坊街路口，由晚清"红顶商人"胡雪岩创建。现古建筑保存完整，高墙大门，气象凝重；设计别具匠心，通体宛如鹤形，门楼像鹤首，长廊似鹤颈，大厅若鹤身，用材讲究，雕绘精巧，典型古朴，保留了"江南药府"之风貌。

相传，有一次胡雪岩的小妾生病，胡雪岩派用人去叶种德堂抓药，取回后发现有几味药已发霉变质，胡雪岩又派人前去调换，谁知药没换到，反被仗着财大气粗的叶种德堂伙计嘲讽："本店只有这种药，要好药，请你们胡先生自己去开一家药号。"胡雪岩听后大怒："怎能拿人命当儿戏，莫非真的看我胡雪岩开不起药店？"这一怒，使胡雪岩立志开一家比叶种德堂更大的药店。

清同治十三年（1874年），胡雪岩开始筹建庆余堂药号，清光绪四年（1878年），大井巷店屋落成并正式营业，但胡雪岩并没有忘了受欺之恨，亲自撰写了"戒欺"，并制成匾额挂在内部，时刻提醒店内伙计。当时药号广请浙江名医，选用历代验方加以研究，采办道地药材精心配制成药，使之在大江南北声名鹊起，于是就有了"南有庆余堂，北有同仁堂"的说法。而胡雪岩本人也被誉为"江南药王"，后来又搭上了左宗棠，成了清末的"红顶商人"。

胡雪岩的家在望江桥旁中河边，大井巷是他上下班的必经之地，这一条古巷，也见证了"江南药王""红顶商人"的"其兴也勃焉，其亡也忽焉"。

孔凤春在胡庆余堂的东面，这几年因为国潮兴起，又火了起来。

孔凤春创建于1862年。160多年前的清同治元年（1862年），萧山人孔传鸿三兄弟来到杭州，在清河坊四拐角的西北角开了家孔记香粉号。至于为何更名为孔凤春，有些传奇色彩。

据传，有一天午睡，孔老板梦见一对孔雀和凤凰翩翩起舞，飞来祝贺开张，于是灵光一闪，把店名改成了"孔凤春"。

孔凤春有一种鹅蛋粉最出名，一共要经过15道工序方可制成：用太湖边的吴兴石捣碎磨细，加珍珠粉漂洗提纯，最后加入蛋清和花露拌匀，用木模拓成鹅蛋形状，放在太阳底下晒干、装盒。粉质细腻爽滑，香气久留不散。

《武林市肆吟》记载："胭脂彩夺孙源茂，宫粉首推孔凤春。"当年孔凤春鹅蛋粉还是贡品，独得清朝西太后慈禧青睐。传说有一回，慈禧太后因为梳妆时鹅蛋粉用完了，在储秀宫大发脾气，急得李莲英连夜电谕杭州制造局，火速将鹅蛋粉送进京，这才平息了老佛爷的怒火。

如今，越来越多的人用上了"慈禧同款"。在淘宝上就能搜到孔凤春店铺售卖的鹅蛋粉干粉饼，或许工序与以往有所不同，但仍动摇不了它的"江湖地位"——店铺里粉饼收藏数第一名。它的粉饼盒为原木制作，既环保，又古色古香。网友评价，"粉质细腻""一整天都不脱妆"。

另一家在大井巷还能找到旧址的，也是老字号——保大参号，老板姓孙。民国时保大参号是杭州城里经营人参的著名商行，专门卖参燕银耳，抗战后关门歇业，参号成了孙姓家族的住宅。

保大参号是一幢典型的徽派商业建筑，但如今已物是人非，只留下青砖的墙体、石板的门洞。墙门上方的门额镂刻得十分精细，依稀可见当年的兴盛。

另一边四合院式的走马转角楼，曾是以绿膏药名震江南的朱养心膏药店。

乾隆年间的《杭州府志·方技》记载："明朝朱养心，余姚人，徙于杭，幼入山，得方书，专门外科，手到疾愈，迄今子孙皆世其业。"朱养心绿膏药专治跌打损伤、痈疽疮疡，疗效之神奇有口皆碑。

神奇的秘方必有神奇的来历，笃信之下众说纷纭。有说是朱老板好心收留了装扮成贫穷烂脚老人的铁拐李，得铁拐李点化；有说是他在深山采药，大雪纷飞中遇见用翠绿荷叶包烧鸡吃的八个乞丐，给他留下了荷叶诗："铜绿铜绿，治疮拔毒；荷叶井水，按方制作。"清朝的《杭俗遗风》中说，天上的和合二仙求朱养心收留过，临走给他留了荷叶，得以配置成独一无二的绿膏药。

这些传说惟妙惟肖，都是朱养心医者仁心、行善得好报、得到神仙相助的故事，再加上朱养心一贯信奉"良药良医世沾幸福，利人利己天赐吉祥"理念，对子孙后代的医德有了规范，他的医术一直传承了13代，延续了400多年，还有技术秘方的手抄本保存至今。

在大井巷另一边，可以看到王星记、天堂伞、张小泉三家并立的门店。

据相关资料，明朝崇祯年间，大井对门就是张小泉剪刀店。都说张小泉剪刀锋利无比、胜人一筹，就是用大井的水磨出来的。

《武林市肆吟·大井对门张小泉剪刀店第一》就记载："利似春风二月天，掠波燕子尾涎涎。并家新样张家好，紧对吴山第一泉。"清同治年间，范祖述在撰写《杭俗遗风》一书时，讲到了杭州独特的手工业产品"五杭"，书中记载："五杭者，杭扇、杭线、杭粉、杭烟、杭剪也……杭剪唯张小泉。"

相传乾隆皇帝下江南时，曾到张小泉剪刀店里买剪刀。因此，张小泉剪刀在乾隆年间被列入朝廷贡品，乾隆皇帝还御笔亲题"张小泉"赐为字号。

二

大井巷不仅仅有历史。

从河坊街与大井巷的交叉口进来，有咖啡馆、茶空间等休闲空间，还有青年旅舍、原创服装店等。单单咖啡馆就有4家。

对于铁手咖啡制造局（Metal Hands）来说，是大井巷的历史吸引了店家。

铁手咖啡制造局曾入选旅游网站Big7Travel"全球50佳咖啡馆""亚洲50佳咖啡馆"榜单，自2021年落户以来，"承包"了大井巷近一半的游客，有的是老客，有的是跟着小红书来打卡的潮人。

铁手咖啡制造局灰色的墙瓦辨识度极高，只要靠近巷子就能看见。它成为网红，一方面源于其独特的装修，另一方面在于咖啡口味。

相比大部分咖啡馆装修都偏向现代都市风格，铁手咖啡制造局的装修风格更偏向传统中式风。这是一座老式的两层小楼。咖啡馆沿街那一面挂着招牌。透过透明的玻璃，能看到店内悠闲喝着咖啡的顾客。但咖啡馆的大门并不沿街，需要从旁边那条并不起眼的小弄堂进入。

穿过小弄堂，是一个小庭院，一切豁然开朗。沙燕风筝、灯笼鱼、一丛丛的芦苇、竹椅、连廊……颇有室内山水园林的韵味，反而不像咖啡馆，更像茶馆。

店铺的装修没有大拆大建，老房子什么样，咖啡馆就是什么样。

确实，有庭院的咖啡馆不多，装修成铁手咖啡制造局这样的更少了。装修之初，老板就定下了杭州这家店的风格：禅意、慢节奏。顾客可以选择坐在庭院里看云，也能坐在竹椅上，踩着小小的白色石子儿侃天侃地，甚至能坐在日式榻榻米上，盘起腿，像喝茶一样喝一杯咖啡，看一看窗外从北方移栽过来的白桦树。这片白桦树林，也是铁手咖啡制造局的热门景点。

一楼买咖啡，二楼品茶，这是杭州店与北京店、上海店不同的地方。

铁手咖啡制造局大井巷店　　（铁手咖啡制造局提供）

在整体布置上,这里还有很多巧思。如庭院里摆的竹桌和竹椅,是专门从杭州鼓楼一位老手艺人那里买的;"飞"在半空的风筝和灯笼,是找北京的非物质文化遗产工作者定制的;院子里原主人留下的大水缸被当成了桌子。

咖啡馆里的景致,也会随着季节变化而更换。秋天能看到芦苇、粉黛乱子草,夏天室内的桌子上会被摆放上莲蓬和莲子。

四季轮换之时,店里的咖啡也会有季节限定。如秋冬季有金雀花燕麦奶,夏季,顾客可以喝上冰摇青橄榄咖啡,还有网红产品"菠萝菠萝蜜"。这是一种特调咖啡,菠萝汁里有茉莉花,还有发酵的柠檬叶提味。

但无论哪个季节,都能喝到铁手咖啡制造局从埃塞俄比亚淘回来的咖啡豆做成的单品咖啡。单品咖啡因为是单一产地,所以具有明显的产地的地域性味道。

铁手咖啡制造局的咖啡是啥味儿?我没喝过,但据说有种花香味。作为一名"咖啡人",店长张家旭比较喜欢黑咖和奶咖,说是和这股花香更配。如果专门到杭州店,他推荐杭州店独有且每日限量的"双喜 Dirty(脏咖)"。

简单来说,这是一款用冰牛奶调制的咖啡,有抹茶和玉兰花两种口味,被装在印着"喜"字、有年代感的大红印花玻璃杯里。玻璃杯是小小的两个。杯托不是普通的小盘子,而是从杭州木器店里买的糕点模具。

卖咖啡为什么要搞这么多"弯弯绕绕"?是为了腔调。来到一条具有千年历史的小巷子,点上一杯咖啡,看云卷云舒,听听音乐,喝的就是仪式感和氛围。

确实,即便是在铁手咖啡制造局这样热门的网红店,坐在店中央,也听不到喧哗。只有靠近山墙一侧,竹子随夏风轻拂的沙沙声。

无玄茶屋　（无玄茶屋提供）

三

这种静谧和安心，在大井巷的很多店铺都能找到。

巷子另一头的无玄茶屋，也是一个冥想的好去处。这也是一栋两层小楼，虽然在很大程度上保留了建筑原来的风貌，但二楼开放式阳台以及独特设计的屋檐，让它从众多店铺中脱颖而出，吸引关注。

走进无玄茶屋，可以清晰地感知其功能的划分：一楼手工皮具体验和售卖占据了两部分，剩余的一部分留给了茶屋的吧台和甜品房。

这是由无玄茶屋和成田手作结合的一家店铺，所以在最初设计时考虑更多的是两种业态的融合，最终形成了如今集皮具手作工作室与茶饮于一体的无玄茶屋。

为什么会选择在大井巷里开店？老板刘青说就是比较喜欢这种老宅子。他妻子是做手工皮具的，之前已经在杭州运河边的小河直街开了一家皮具店，那里也都是古色古香的老房子。

为了选店址，他在杭州找了很多地方。经过对比筛选，他发现大井巷是一条闹中取静的小巷子。在发现大井巷的这一特质后，他果断地租下了这栋房子，并做起了新中式茶饮。

中国文化在崛起，国潮的东西越来越受到大众尤其是年轻人的喜爱。

相比于传统茶饮，新中式茶饮才刚刚起步，更有前景。比如深圳很有名的新中式茶饮品牌tea'stone，就受到了很多年轻人的青睐。

新中式茶饮为何受年轻人欢迎？大概在于传统茶饮会给人留下一种刻板印象，有点儿像中年大叔，适合商务人士坐下来谈生意的时候喝，而新中式茶饮就像咖啡那样，似乎给人一种更加年轻的感觉。

无玄茶屋二楼的整个空间和阳台都属于茶屋的客座区域。走进客座区域，不难发现，这里每一个散座的座位都刻意在设计时缩小了。

这里的客座方式更趋向于咖啡店，不像传统茶室那样提供舒适的座椅，一坐可以一下午。缩小的客座给人一种轻松和快节奏之感。

同时，二楼的阳台也作了年轻化的设计。除沿用室内散座的客座方式外，店家还对阳台屋檐做了上下交错排列的设计，更显层次感。二楼也保留了两个包间的区域，用于满足需要传统茶饮的客人。

作为无玄茶屋的主角，店家在茶饮品的开发上也下足功夫。无玄茶屋的特调茶饮是根据季节进行开发的，基本上一个月左右就会开发出一到两款不同的特调茶饮。

特调茶饮受欢迎的秘诀，可能得益于口味、颜值以及类似咖啡、奶茶那样的手冲制作呈现方式。

四

在大井巷，有个性的老板不止一个。你也许不会想到，能在同一条巷子里开青年旅舍、咖啡馆、酒吧、餐厅，像这样需要三头六臂才能做成的事情，老宋做到了。

他是最早在杭州开青年旅舍的人之一。因为从小就在中山中路附近长大，对那一片有深厚的感情，他就一口气在大井巷开了大井咖啡店、荷方国际青年旅舍、承宅民宿、隐石餐厅，大井咖啡还为住店客人提供早餐。

隐石餐厅　（毛瑜摄）

荷方国际青年旅舍位于大井巷中段，开了十余年。老宋是杭州人，微信名带了杭州市树——香樟老宋，荷方，荷方，寓意路在何方，他这样介绍店名。

走进店里，最吸引人的还是大厅。相对于窄小的床，青年旅舍最宽敞的地方是进门大厅。厅里布局特异，收藏了来自全世界旅客的纪念品，比如一张邮票，一本当地语言的书籍。留言册泛黄的页面上，用不同的文字记录了访客们的心情。

荷方国际青年旅舍的入住者多为年轻人，尤其是学生多见。

青年旅舍1909年起源于德国，1932年国际青年旅舍联盟在阿姆斯特丹成立，总部设于英国，并注册为一家非营利性机构，其最高权力机构为两年一届的国际大会。

荷方国际青年旅舍奉行的理念是："通过旅舍服务，鼓励世界各国青少年，尤其是那些条件有限的青年人，认识及关心大自然，发掘和欣赏世界各地城市及乡村的文化价值，并提倡在不分种族、国籍、肤色、宗教、性别、阶级和政见的旅舍活动中促进世界青年间的相互了解，进而促进世界和平。"

因此，荷方国际青年旅舍带给人的氛围感是分享和交流。入住者大多健谈，游玩回来会分享景点信息，会相约骑行，还有众筹晚餐、搭伙吃饭等。

在疫情前，荷方国际青年旅舍一半客人来自欧美国家。老宋发现，他们的价值观跟中国人不太一样，往往是根据自己的精神状态而非拥有多少钱来决定过什么样的生活。

有一个美国客人叫John，每年都会用半年时间在美国赚钱，然后半年时间住在青年旅舍，这样的方式持续了三年。

还有一位80多岁的英国老人，一进门就给老宋递了张名片，上面写着"茶博士"等介绍，原来这位老人酷爱中国茶文化，走访中国多个茶叶产地，算是中国通了!

  在荷方国际青年旅舍的大厅里,还举办过旅客的个人音乐分享会、游玩攻略分享会、生日派对……有时候,客人随手拿起尤克里里弹唱,旁边的客人挥手、鼓掌……这里恐怕是在杭州能最快交到朋友的地方!

荷方国际青年旅舍　　（荷方国际青年旅舍提供）

经营青年旅舍十余年里，老宋见识了各式各样的游客，还有不少人从陌路变成情侣、爱人、知心朋友，诸如此类的美好故事每年都在上演。

开旅舍是为了结交朋友，作为一个咖啡迷，他开大井咖啡店，算得上是"投己所好"了。为什么叫大井咖啡？老宋的心思还是很简单，大井巷大井巷嘛，那就叫大井咖啡咯。

不卖拼配豆咖啡，就卖单一品种的咖啡豆磨出的咖啡。白天是咖啡馆，晚上是酒吧，大井咖啡的营业时间很长，从早上8点到晚上12点，可喜欢它的人还是嫌太短了。

讲究人老宋的咖啡，成本高，毕竟要在风味上达到他的要求，进货成本就比一般咖啡店的咖啡豆贵好几倍。

跟他的荷方国际青年旅舍一样，大井咖啡店也是交流的平台，徕卡分享会、黑胶唱片分享会、非遗展、跨年演唱会，常常举办。很多朋友会在中午就到大井巷，在对面民宿的餐厅吃个饭，再来喝咖啡，发呆，聊天，交朋友。

用网友的话说，大井咖啡的出片率并不比铁手咖啡制造局少。它的好拍不仅在于周围的老城区氛围，也在于店里的细节。比如墙上的镜子，可以拍出镜中人的影像，尤其是黄昏时分，极具岁月感，待到夜晚，坐在沿街的窗口抬头看月亮，沧桑而美好。

这时候才能理解，在"被安静封印"的大井巷里是一种怎样的感觉。

当然，大井巷的惊喜并不只在于这些店铺，还有很多容易被人错过的小确幸。第二次来大井巷时，我发现铁手咖啡制造局旁边的一条小路。一开始，很多人会被它斑驳的墙面和道路尽头封闭的大门给劝退，但若再往里走10米，拐个弯，就是"柳暗花明又一村"。你能看到一段望不到头的台阶蜿蜒而上，它通往吴山，开启另一段杭州探秘之旅。

主题题

近在咫尺的『书房』

乾嘉书房　（乾嘉书房提供）

杭州是一座优雅的城市。优雅体现在很多方面，而隐藏在杭城各处的书店，往往最能体现出这座城市的风骨与气质。

走在杭州的街头、社区，不经意间就能偶遇一间书香浓郁的杭州书房。

作为杭州书房的一员，位于杭州市上城区钱江新城核心区域城市阳台展厅五厅的乾嘉书房，是繁华闹市区中的静谧书房。乾嘉书房成立于2004年，是一个集艺术类图书出版销售、会展策划、古琴教学、书房家具定制、文房四宝、金石书画等服务于一体的文化创意产业综合平台，以传统书房为载体，为远道而来的客人们提供文雅舒适的阅读环境。

目前，乾嘉书房整体面积1500平方米，藏书20000余册，分为乾嘉学派著作、宋画作品、女性读物、少儿刊物、艺术文史读物等五大类书籍，供读

乾嘉书房明苑书墙　　（乾嘉书房提供）

者朋友在馆内阅读，并配有联通杭州全市借还书系统的图书自助借阅机，实现全市有杭州书房标志的图书通借通还。

乾嘉书房在保留古代文人书房形制的同时，也连接宋韵与现代，增设了现代都市女性书香风格的会客空间，分别为宋韵古典文人书房——和苑，现代都市女性生活馆——明苑，是沉浸式生活美学阅读空间，促进传统与现代的有机融合，成为多功能的城市文化客厅。

走进乾嘉书房明苑，可以看见三三两两的读者安静地阅读。一本书，一杯茶，伴随了他们的闲暇时光。

乾嘉书房明苑整体是白色的，进入大门就能看到里面的大部分空间。一楼有两大面的书墙，旁边是一大片座位，适合跟二三好友一起来阅读。

乾嘉书房明苑整体设计给人以温馨的感觉。在这里，找几本书，点一杯饮品，就可以待上一整天。

若是一个人来，选择坐在二楼的小吧台上也是一种不错的体验，这里有一种迷你自习室的感觉。吧台上同样整齐地摆满了书籍，读者不用下楼就可以实现"阅读自由"。

在二楼的角楼，还藏着一家旗袍定制工作室，游客来这里还可以看到手工制作旗袍的过程。

"这里的旗袍都是量体裁衣、手工制作，上身舒适又高级。"乾嘉书房相关负责人说。

乾嘉书房典出清代乾嘉学派。乾嘉学派，又称"乾嘉之学"，是清朝前期一个学术流派，以对中国古代社会各方面的考据而著称。由于学派在乾隆、嘉庆两朝达到鼎盛，故得名。因为此一时期的学术研究采用了汉代儒生训诂、考据的治学方法，与着重于理气心性抽象议论的宋明理学有所不同，所以有"汉学"之称。此学派又因文风朴实简洁，多证据罗列而少理论发挥，而有"朴学""考据学"之称。

乾嘉学派在研究过程中主张务实，提出了"无微不信"的口号。无微不信，是指对于细致之处也要有质疑的勇气，通过实证加以确定，接近于现代人常说的实事求是。读书、考察、实证、溯源、总结，就是乾嘉学派认可的研究方法。这样的方法也可以概括为"经世致用"。

乾嘉学派重视客观资料，不以主观想象轻下判断，而是广泛收集资料、归纳研究，有着锲而不舍的可贵治学精神。

乾嘉学派集历代特别是明末清初考据之大成，把中国古代考据学推向高峰，形成独具特点的考据学派；对我国的文献典籍进行了大规模的整理，使丰富的文化遗产得以保存，并为后人阅读、利用和整理提供了方便。乾嘉学派中

乾嘉书房和苑嘉轩　　（乾嘉书房提供）

有许多严肃的学者，治学态度与治学方法严谨踏实、一丝不苟，开近代实证学风之先河。

　　书房由著名学者王翼奇命名，著名书法家鲍贤伦题字。王翼奇以"乾嘉"命名书房，意在启示后学继承乾嘉学派之风骨，以锐意从事乎文化之彰昌广大！

　　如果说乾嘉书房明苑拥有现代书香气质，那乾嘉书房和苑就像古代文人的书房。除公共阅读空间外，里面还暗藏五个装修古典的小书房。

　　其中一间最大的书房是对外出租的场地，可在这里举办讲座、沙龙等文化活动。另外两间中等大小的书房，分别可容纳20人和10人左右，而剩余的两间小书房则可容纳8人和4人左右。

　　这些装修古典的小书房，除供读者阅读休憩外，还充当宋韵书房的样板间，读者如果喜欢同款装修设计风格，可在乾嘉书房定制。

　　在乾嘉书房和苑的体验是丰富的。除了阅读，这里还有不少书画篆刻展品，走在其中有一种穿梭迷宫的感觉，不经意间就会发现小惊喜。

乾嘉书房通过传统文人书房审美韵味的营造，体现杭州书房作为城市客厅、市民书房的社会功能及钱塘江畔城市阳台的文旅窗口，注重彰显以书法、篆刻和古琴艺术为代表的中华传统文化，并以短视频弘扬中华文化传统，传播民族艺术精神，增强市民文化自信，提升审美能力。

乾嘉书房和苑还是杭州图书馆宋韵分馆，馆藏迄今最权威、最完整的宋画图像与文献集成——《宋画全集》，杭州图书馆的珍贵馆藏文献也陈列其中，读者在馆内就可免费阅览。

为更好地展示宋潮、宋韵、宋风，乾嘉书房和苑坚持打造宋韵生活文化场景，还长期举办公益宋韵文化讲座，立体化、多维度倡导全民阅读，推动文化"共富"，传播"共富"精神，呈现南宋以来的文化传承与生活艺术积淀。

开设宋韵分馆，是为了传播和推广宋韵文化，让广大市民更好地了解宋韵、感受宋韵、探索宋韵，推进南宋文化在杭州的传播，促进杭州历史文化名城建设。作为杭州公共文化服务的重要组成部分，杭州图书馆经过10多年的探索，已在全市范围内建成开放28家主题分馆，形成了主题图书馆的"杭州模式"。

为了发挥好宋韵分馆的窗口展示作用，在杭州图书馆宋韵分馆开馆当日，杭州图书馆与杭州市人民对外友好协会合作，精心策划了"一秒入宋画·宋韵体验之旅"相关活动，首期在乾嘉书房举办，以亚运东道主城市之名，打造城市文化知识产权和国际文化品牌。

同时，这个活动还充分结合公共图书馆特色，选取了《宋画全集》中极具代表性的9幅作品，从每一幅画的宋韵主题内容导入，每月一期，以体验性的直播形式让读者最大限度地感受宋韵文化的魅力。

乾嘉书房和苑的宋韵文化展示功能隐藏在各个角落。

和苑的整体空间设计，参照宋代画家刘松年的《山馆读书图》。图中，长松掩映之下，长案临窗，窗外书童打扫落叶，间或闻得几声鸟鸣，宁静悠闲，描绘的是文人雅士所向往的闲适生活。

乾嘉书房和苑将画中场景再现，把宋人理想的雅致的生活美学体现在当代文人书房生活中，特别是书案点缀的清供，仿佛将山水间的幽静带到今人眼前，让来到这里的人都能沉浸式体验"风雅处处是平常"的宋人书房文化。

宋代的诗意生活表现为生活的诗化和诗的生活化。

乾嘉书房的气质源于宋代文人诗意的生活观念——文明与理性的时代，对典范的建设与秩序的重视，乾嘉书房宋韵文人书房的营造，追求宋代诗词的意境。

进入和苑，便能看到庭院式构造，名为"薇亭"。庭院既是古人户外起居空间，亦是感悟自然、休养生息的精神家园。薇亭源于宋代画家赵大亨《薇亭小憩图》的画境，并参考宋代李诫《营造法式》规范，采用宋式简约建筑结构，室内外作，室外内作。

其中的柱础形制为仙山灵兽图，将自然之趣引入室内。江边的落地窗采用中国传统园林借景的形式，营造室外庭院深远的意境。设计者希望通过整体宋韵书房内建筑的设计，传递悠远而宁静、闲适而自在的精神，让来到这里的人也能像宋人一样，让生活慢下来，看朝霞暮霭，听琴韵涛声。苏轼曾在《临皋闲题》中写道："江山风月，本无常主。闲者便是主人。"来者有此心境，就是这里的主人。

十步之内，必有芳草；百步之遥，书香馥郁。在杭州，像乾嘉书房一般的杭州书房，正逐渐打通城市公共文化服务的"最后100米"。

2018年年底，为满足人民对美好生活的新期待，杭州书房建设工作正式启动，致力于打造家门口的图书馆。

作为对公共图书馆服务体系的补充，杭州书房以阅读为圆心，连接更多的文化活动，提供更多的文化消费产品，建成集图书借阅、文化交流、文化消

乾嘉书房和苑薇亭　（乾嘉书房提供）

费、旅游咨询、"互联网 + 文旅"体验等多功能于一体的文旅融合综合体和文化消费场所，让市民游客体验到不一样的获得感、幸福感。

正是在此背景下，杭州近年来建设了一大批关注市民新需求、符合时代新趋势、融合发展新理念的公共文化空间，杭州书房、文化驿站、15 分钟品质文化生活圈等如雨后春笋般出现在社区和乡村，为老百姓送上更近、更美、更贴心的文化服务，让市民共享公共文化服务的阳光雨露。

杭州书房是打造全民阅读的重要平台，也是提升城市品质、建设书香杭州的重要文化保障。

如乾嘉书房立足公共文化空间的定位，不断探索利用传统文化赋能公共文化服务，并集结了百余位中国传统文化领域专家，以乾嘉讲堂、乾嘉学堂的形式，定期举办公益讲座、文艺演出、艺术公开课，还以乾嘉展陈的形式长期举办书画、篆刻、摄影、旗袍等公共艺术展览以及文化活动，助力杭州文化惠民活动。

"文彰翰墨藏书丽，潮涌钱塘气象新。希望通过更精准的文化服务，结合多元的文化载体，让乾嘉书房为市民群众提供便捷的公共文化服务和亲子阅读活动，成为市民群众家门口的书房。"书房创始人黄夏冰说。

试点之初，杭州书房以市、区（县）两级文广旅游部门独立建设为主。从2020年开始，各地坚持开门办事，打破了以往"政府包办"的思路，创新实践"政府主导＋社会参与"的建设新模式，尝试与未来社区、智创园区、邻里中心、党群服务中心等场所融合，注重与风情小镇、特色街区创建结合，使其成为提升区块文化软实力的重要抓手，以吸引社会各界参与杭州书房的建设。

随着第三方机构的引入，杭州书房活力明显提升。越来越多社会机构加入杭州书房的建设，2021年新建的47家书房中，社会机构参与兴办的达到22家，接近50%。如知名作家海飞主理的海小枪枪童书馆、虎跑公园内的梦泉书房、音乐主题的隐士音乐书房、非遗主题的旗袍书房、富阳黄公望景区内的公望书房、晓风书屋主理的弥陀寺公园书房等6家书房，从主动报名的10余家意向单位中脱颖而出，成功创建为杭州书房，这些自带流量的建设主体也让书房一经开放就吸引读者加入。

杭州书房是以图书免费借阅为主要功能，同时提供文化活动、数字阅读、视听体验、展览展示、智慧旅游等多种服务的微型文化综合体。

2019—2021年，杭州书房已布局94家，每个市、区（县）都有覆盖；总建筑面积达6.34万平方米，举办了2000余场各类主题活动，实现图书流转70万余册次，成为文旅行业深化供给侧结构性改革、提高公共服务效能的创新实践，成为满足人民美好生活需要、打造"书香杭州"的务实举措。

2022年，杭州新增城市书房26家，新增文化驿站13家，建成15分钟品质文化生活圈850处；创新推出"文化养老 精神共富"和"杭州邻里图书馆"公共阅读服务微循环模式等小切口、个性化的试点工作，并加紧推进"文

乾嘉书房和苑琴苑　（乾嘉书房提供）

化保障卡",打造"线下一刻即享"的公共文化服务体系。

"最是书香能致远,腹有诗书气自华。"如今,走在杭州街头,你会发现,杭州不仅有满陇桂雨,更有满城书香!

一本书,可以温暖一个人;一间书房,可以温暖一座城。

越来越多的杭州书房,如一盏又一盏"心灯",开始点亮这座城市的夜空。它们出现在城市的角角落落,走进景区、医院、地铁、公寓、农园、艺术馆、体育场等。

未来,还将有更多的杭州书房出现在我们家门口,诞生在我们身边。近在咫尺的杭州书房,实现了民众与文化生活真正的零距离。热爱阅读,喜欢文化活动,就去杭州书房,这里有丰富多彩的文化生活等着市民参与。

图书在版编目（CIP）数据

行在·杭州 / 杭州市文化广电旅游局编 . -- 北京：红旗出版社，2023.10（2024.3重印）
ISBN 978-7-5051-5357-8

Ⅰ．①行… Ⅱ．①杭… Ⅲ．①名胜古迹—介绍—杭州 Ⅳ．① K928.705.5

中国国家版本馆 CIP 数据核字（2023）第 176908 号

书　　名	行在·杭州 XING ZAI·HANGZHOU		
编　　者	杭州市文化广电旅游局		
责任编辑	赵　洁　刘云霞	责任校对	郑梦祎
责任印务	金　硕	封面设计	高　明
出版发行	红旗出版社		
地　　址	北京市沙滩北街 2 号	邮政编码	100727
	杭州市体育场路 178 号	邮政编码	310039
编辑部	0571-85310198	发 行 部	0571-85311330
E-mail	498416431@qq.com		
法律顾问	北京盈科（杭州）律师事务所　钱　航　董　晓		
图文排版	浙江新华图文制作有限公司		
印　　刷	浙江全能工艺美术印刷有限公司		
开　　本	710 毫米 ×1000 毫米	1/16	
字　　数	223 千字	印　张	15.75
版　　次	2023 年 10 月第 1 版	印　次	2024 年 3 月第 2 次印刷
ISBN 978-7-5051-5357-8		定　价	78.00 元